www.ingramcontent.com/pod-product-compliance
Lightning Source LLC
LaVergne TN
LVHW020449070526
838199LV00063B/4895
9789358729788

اسلام اور سائنس و ٹیکنالوجی

(مضامین)

مرتبہ:

سید حیدرآبادی

© Taemeer Publications LLC

Islam aur Science-o-Technology (Essays)

by: Syed Hyderabadi

Edition: March '2024

Publisher :

Taemeer Publications LLC (Michigan, USA / Hyderabad, India)

ISBN 978-93-5872-978-8

9 789358 729788

مصنف یا ناشر کی پیشگی اجازت کے بغیر اس کتاب کا کوئی بھی حصہ کسی بھی شکل میں بشمول ویب سائٹ پر اَپ لوڈنگ کے لیے استعمال نہ کیا جائے۔ نیز اس کتاب پر کسی بھی قسم کے تنازع کو نمٹانے کا اختیار صرف حیدرآباد (تلنگانہ) کی عدلیہ کو ہو گا۔

© تعمیر پبلی کیشنز

کتاب	:	**اسلام اور سائنس و ٹیکنالوجی** (مضامین)
مرتب	:	**سید حیدرآبادی**
صنف	:	غیر افسانوی نثر
ناشر	:	تعمیر پبلی کیشنز (حیدرآباد، انڈیا)
سالِ اشاعت	:	۲۰۲۴ء
صفحات	:	۱۱۴
سرورق ڈیزائن	:	تعمیر ویب ڈیزائن

فہرست

(۱)	اللہ تعالیٰ کا عظیم الشان شاہکار: ایٹم	طارق اقبال سوہدروی	6
(۲)	شمسی توانائی ایک نعمت	سید محمد عابد	12
(۳)	کلوننگ کا عمل کیا ہے؟	حافظ حسن مدنی	19
(۴)	رحم مادر کی پیوندکاری اسلام کی نظر میں	مقبول احمد سلفی	23
(۵)	سوشل میڈیا کا دجل و فریب	سعیدہ شیخ	41
(۶)	نیند: ایک تحقیق	محمد اجمل خان	46
(۷)	علاج معالجہ کے شرعی احکام و مسائل	عبدالجبار سلفی	76
(۸)	ٹیکنالوجی اور انسانی روزگار: مستقبل کے خدشات	جمیل چودھری	102
(۹)	آرٹی فیشل انٹیلی جینس (مصنوعی ذہانت)	ذیشان الحسن عثمانی	107

اللہ تعالیٰ کی قدرت کا عظیم الشان شاہکار: ایٹم
طارق اقبال سوہدروی

مادہ سے مراد وہ عنصر ہے جس سے تمام مادی اشیاء بنی ہوئی ہیں۔ قدیم یونانی فلسفیوں نے سب سے پہلے یہ جاننے کی کوشش کی کہ دنیا کس چیز سے بنی ہے۔ انہوں نے ان بنیادی ذرات کا نام ایٹم رکھا جو آج تک رائج ہے۔ بنیادی ذرے کی تعریف سادہ الفاظ میں یوں کر سکتے ہیں کہ یہ مادے کا چھوٹے سے چھوٹا ذرہ ہوتا ہے جو کہ اپنی ساخت میں کامل ہوتا ہے اور اپنے اندر مزید چھوٹے یا ذیلی ذرات نہیں رکھتا۔ ایٹم جو مادے کے وجود کے لیے بنیادی کردار ادا کرتا ہے، بگ بینگ کے بعد وجود میں آیا۔ پھر ان ایٹموں نے یکجا ہو کر اس کائنات کو بنایا جس میں ستارے، زمین اور سورج شامل تھے۔ بعد ازاں انہی ایٹموں نے کرہ ارض پر زندگی کی ابتدا کی۔ اگر آپ اپنے چاروں طرف نظر دوڑائیں تو آپ کو سینکڑوں قسم کی چیزیں نظر آئیں گی۔ ان میں سے کچھ ٹھوس ہیں، کچھ مائع اور کچھ گیس، یہ مادے کی تین مختلف صورتیں ہیں۔ وہ ظاہر میں ایک دوسرے سے مختلف ہیں لیکن اندرونی طور پر ایسا نہیں ہے۔ بنیادی طور پر وہ ایک ہی ذرے سے تعمیر ہوئی ہیں جسے ایٹم کہتے ہیں۔

سوال یہ ہے کہ پھر یہ ایٹم کیا ہے، جو ہر شے کا تعمیری جزو ہے، یہ کس شے کا بنا ہوا ہے اور اس کی ساخت کیا ہے؟

پرانے وقتوں میں ایک نظریہ جو کہ " نظریہ ایٹم " کے نام سے جانا جاتا تھا، کو وسیع پیمانے پر مقبولیت حاصل تھی۔ اصل میں یہ نظریہ یونان کے ایک سکالر ڈیموکراطس کا پیش کردہ تھا جو تقریباً (۴۶۰-۳۷۰) قبل مسیح وہاں رہتا تھا۔ ڈیموکراطس اور اس کے بعد آنے والے لوگوں نے بھی یہی نظریہ پیش کیا تھا کہ ایٹم مادے کا سب سے چھوٹا حصہ ہوتا ہے۔ ایٹم دراصل یونانی زبان کے لفظ atomos سے نکلا ہے جس کا مطلب ہے "ناقابل تقسیم "۔ یونانی فلاسفرز کا خیال تھا کہ ایٹم کو تباہ نہیں کیا جاسکتا اور اس کی مزید تقسیم ناممکن ہے۔ قدیم عرب بھی اسی بات پر یقین رکھتے تھے۔ عربی زبان میں "ذَرَّۃ" کا سب سے عمدہ معنیٰ "ایٹم" ہی ہے۔

چناچہ ایٹم کے متعلق یہ نظریہ ۲۳۰۰ سال تک قائم رہا تا آنکہ ۱۸۰۳ء میں سائنسدان جان ڈالٹن نے عملی طور پر ایک مفید ایٹمی نظریہ پیش کیا اور ایٹم کو ایک ایسا کُرہ قرار دیا جو مثبت برقی قوت کے حامل زروں اور منفی الیکٹرونز سے بھرا ہوا ہے۔ چناچہ ۱۸۹۷ء میں سائنسدانوں نے مزید تجربات کے بعد اس میں الیکٹرونز کو دریافت کیا اور پھر ۱۹۱۱ء میں ایٹم کے مرکزی حصے نیوکلیس کو دریافت کیا گیا۔ یہ تجربات جاری رہے اور سائنسدان کائنات کے اس چھوٹے سے ذرے کا مزید باریک بینی سے جائزہ لیتے رہے ۔ان کی یہ جدوجہد رنگ لائی اور ۱۹۱۸ء میں اسی ایٹم کے مرکز میں پائے جانے والے نیوکلیس کے اندر پروٹان کو دریافت کیا گیا اور پھر چند سالوں بعد ۱۹۳۲ء میں اسی نیوکلیس کے اندر نیوٹران کو بھی دریافت کرلیا گیا۔ ۱۹۶۸ء میں انہوں نے پروٹان اور نیوٹران کے اندر مزید چھوٹے اجزا کو دریافت کرنے کا اعلان کر دیا۔ ان چھوٹے اجزا کو، کوارکس کا نام دیا گیا ہے، ہر پروٹون اور نیوٹران کے اندر تین تین کوارکس ہوتے ہیں جو آپس میں مزید دوسرے اجزا گلوونز کے ذریعے جڑے ہوتے ہیں۔ ابھی بھی سائنسدانوں کی کھوج کی رفتار

کم نہیں ہوئی ہے بلکہ ان بنیادی ذرات پر تحقیق کا بازار گرم ہے اور کوئی بعید نہیں کہ آنے والے دنوں میں کوارکس (اور کچھ اور ایسے ذرات جن کو آج بنیادی کہا جاتا ہے) میں سے بھی مذید چھوٹے ذرات نکل آئیں۔

جب ہم ایٹموں کی ساخت کا جائزہ لیتے ہیں تو ہم دیکھتے ہیں کہ ان سب کا ایک نمایاں ڈیزائن ہے اور یہ ایک خاص ترتیب و نظم کے ساتھ وجود میں آئے ہیں۔ ہر ایٹم کا ایک نیوکلیس ہوتا ہے جس میں مختلف تعداد میں پروٹون اور نیوٹرون ہوتے ہیں۔اس کے علاوہ ان میں ایسے الیکٹرون ہوتے ہیں جو نیوکلیس کے گرد مخصوص مداروں میں حرکت کرتے ہیں۔ایک ایٹم کے اندر الیکٹرون اور پروٹون مساوی تعداد میں ہوتے ہیں۔الیکٹرون پر منفی چارج جبکہ پروٹون پر مثبت چارج ہوتا ہے۔ جس سے مثبت اور منفی برقی قوت رکھنے والے الیکٹرون اور پروٹون ایک دوسرے کا توازن برقرار رکھتے ہیں۔ان اعداد میں سے ایک بھی مختلف ہوتا تو ایٹم کا وجود ہی نہ ہوتا، اس لیے کہ اس سے برقی مقناطیسی توازن بگڑ جاتا تھا۔الیکٹرون ،پروٹون کی نسبت ہلکے ہوتے ہیں ۔ ۱۸۳۶الیکٹرونز ایک پروٹون کے برابر ہوتے ہیں جبکہ پروٹون اور نیوٹران بلحاظ کمیت تقریباًایک جیسے ہوتے ہیں۔

کسی ایٹم میں ایک پروٹون کے اضافے سے وہ نئی قسم کا ایٹم بن جاتا ہے۔جو مادہ ایک ہی قسم کے ایٹموں سے مل کر بنا ہو اسے عنصر کہتے ہیں۔مثلاً ہائیڈروجن ، آکسیجن اور کاربن وغیرہ عناصر کی مختلف اقسام ہیں۔اب تک تقریباً ۱۱۸ عناصر کو دریافت کیا جا چکا ہے ان میں سے زیادہ تر قدرتی طور پر پائے گئے ہیں جبکہ کچھ لیبارٹری میں تیار کیے گئے ہیں۔سب سے سادہ ترین ایٹم ہائیڈروجن کا ہے ۔اس میں ایک پروٹون اور ایک ہی الیکٹرون ہوتا ہے جبکہ نیوٹرون نہیں ہوتا۔دو یا دو سے زائد ایٹموں کے ملنے سے مالیکیول

تشکیل پاتا ہے ،مثلاً جب عنصر ہائیڈروجن کے دو ایٹم ، عنصر آکسیجن کے ایک ایٹم سے ملائے جاتے ہیں تو پانی کا ایک مالیکیول تشکیل پاتا ہے۔

آیئے اب یہ معلوم کرتے ہیں کہ ایٹم اور اس کے ذرات کتنے چھوٹے ہیں۔ الیکٹرون کو وزن کے لحاظ سے ہلکے ترین اجزاء میں شمار کیا جاتا ہے ایک قطرہ پانی کا وزن ایک الیکٹرون کی نسبت اربوں گنا زیادہ ہوتا ہے۔اگر ہم پینسل سے ایک سینٹی میٹر لائن کھینچیں تو اس لائن میں ۱۰ کروڑ ایٹم سماسکتے ہیں۔اگر ہم ایٹم کی سکیل کے حساب سے ڈرائنگ بنائیں اور پروٹون اور نیوٹرون کے قطر کا سائز ایک سینٹی میٹر رکھیں تو الیکٹرون اور کوارکس کا سائز انسانی بال کے سائز سے بھی چھوٹا ہو گا جبکہ پورے ایٹم کا سائز تیس فٹ بال کے میدان کے برابر ہو گا۔نیوکلیس ایٹم سے اس قدر چھوٹا ہوتا ہے کہ اگر ہم ایٹم کو فٹ بال کے میدان جتنا بڑا پھیلا دیں تو نیوکلیس ایک انگور کے دانہ کے برابر ہو گا۔ آیئے اب اس بات کو سمجھتے ہیں کہ الیکٹرون نیوکلیس سے کس قدر دوری سے مخصوص مداروں میں گردش کرتے ہیں۔اس کے لیے اگر نیوکلیس کو گولف بال کے برابر تصور کیا جائے تو اس کے گرد گردش کرنے والے الیکٹرونز کا پہلا مدار اس سے ایک کلومیٹر دور ہو گا جبکہ دوسرا مدار چار کلومیٹر اور تیسرا مدار نو کلومیٹر دور ہو گا۔اسی طرح باقی مداروں کو بھی قیاس کیا جاسکتا ہے۔ایک اور حیرت انگیز بات یہ ہے کہ اگرچہ نیوکلیس کی جسامت ایٹم کی جسامت سے اس قدر چھوٹی ہے لیکن اس کی کمیت ایٹم کی کل کمیت کا ٪۹۵ء۹۹ ہوتی ہے۔ کتنی حیران کن بات ہے کہ ایک شے ایک طرف تو کمیت کا تقریباً سارا حصہ ہے اور دوسری طرف نہ ہونے کے برابر جگہ گھیرتی ہے۔اور ایٹم کا ٪۹۹۹۹۹۹۹۹۹۹۹۹ء۹۹ حصہ خالی ہے۔علاوہ ازیں سائنسدانوں نے نہ صرف ان قوتوں کو دریافت کرلیا ہے کہ جنہوں نے ان چھوٹے چھوٹے ایٹموں کو آپس میں جکڑ رکھا ہے بلکہ اس طریقے کو بھی

معلوم کر لیا ہے کہ جس کے ذریعے ان قوتوں کو ان ایٹموں سے جدا کیا جا سکتا ہے۔ اسی طریقہ کو نیوکلیر پاور پلانٹ میں استعمال کرتے ہوئے بجلی حاصل کی جاتی ہے۔ جو کہ آج کے دور کی بنیادی ضرورت ہے۔

قارئین کرام آپ اللہ تعالیٰ کی بے نظیر اور عظیم الشان طاقت و قدرت اور علیم وخبیر ہونے کا اندازہ مندرجہ بالا معلومات سے لگا سکتے ہیں کہ اس نے ایک چھوٹے سے ذرے کے اندر کیا کچھ تخلیق کر رکھا ہے اور اس کے قدر کس قدر قوت موجود ہے کہ ہماری عقلیں اس کا احاطہ کرنے سے قاصر ہیں۔ اللہ تعالیٰ نے اپنے علم کی وسعت کا اعلان چودہ صدیاں پہلے درج ذیل آیت کریمہ میں اس وقت کیا تھا کہ جب ایٹم کو کائنات کا چھوٹا ترین ذرہ تصور کیا جاتا تھا۔ فرمان باری تعالیٰ نازل ہوتا ہے

وَقَالَ الَّذِيْنَ كَفَرُوْا لَا تَاْتِيْنَا السَّاعَةُ ۭ قُلْ بَلٰى وَرَبِّيْ لَتَاْتِيَنَّكُمْ ۙ عٰلِمِ الْغَيْبِ ۚ لَا يَعْزُبُ عَنْهُ مِثْـقَالُ ذَرَّةٍ فِي السَّمٰوٰتِ وَلَا فِي الْاَرْضِ وَلَآ اَصْغَرُ مِنْ ذٰلِكَ وَلَآ اَكْبَرُ اِلَّا فِيْ كِتٰبٍ مُّبِيْنٍ ۝

منکرین کہتے ہیں کیا بات ہے کہ قیامت ہم پر نہیں آ رہی ہے ! کہو قسم ہے میرے عالم الغیب پروردگار کی' وہ تم پر آ کر رہے گی۔ اس سے ذرّہ برابر کوئی چیز نہ آسمانوں میں چھپی ہوئی ہے نہ زمین میں۔ نہ ذرّے سے بڑی اور نہ اس سے چھوٹی' سب کچھ ایک نمایاں دفتر میں درج ہے۔ ﴿سورۃ سبا﴾.

یہ آیت کریمہ اللہ تعالیٰ کے لامحدود علم کی طرف اشارہ کرتی ہے کہ اللہ تعالیٰ ان تمام چیزوں کے متعلق علم رکھتا ہے جو خواہ چھپی ہوں یا ظاہر۔ اور اللہ تعالیٰ ہر اس چیز کے بارے میں بھی علم رکھتا ہے جو ایٹم یعنی ذرے سے چھوٹی ہو یا بڑی۔ چنانچہ اس آیت کریمہ سے یہ ثبوت ملتا ہے کہ ایٹم سے بھی چھوٹی چیز کا وجود دنیا میں ممکن ہے جبکہ اس

حقیقت کو انسان نے بیسویں صدی میں دریافت کیا ہے۔ قرآن کے اس دعویٰ پر جدید سائنس کی تصدیق کی مہر ثبت ہونے کا مطلب یہ نکلتا ہے کہ یہ واقعتاً اللہ تعالیٰ کے سچے کلمات سے بھرپور وہ کتاب ہدایت ہے جو اس نے اپنے محبوب ترین بندے حضرت محمد ﷺ پر نازل کی تھی۔ اللہ تعالیٰ ہمیں اس پر اپنا ایمان مضبوط رکھنے اور اس کے مطابق عمل کرنے کی توفیق عطا فرمائے۔ آمین۔

***

شمسی توانائی ایک نعمت

سید محمد عابد

شمسی توانائی خدا کی دی ہوئی نعمتوں میں سے ایک عظیم نعمت ہے، دھوپ سے حاصل ہونے والی توانائی سولر انرجی یا شمسی توانائی کہلاتی ہے۔ دھوپ کی گرمی کو پانی سے بھاپ تیار کر کے جنریٹر چلانے اور بجلی بنانے کے لئے استعمال کیا جا سکتا ہے۔ سورج اپنی توانائی ایکسرے سے لے کر ریڈیو ویو کے ہر ویو لینتھ پر منعکس کرتا ہے۔ اسپکٹرم کے چالیس فیصد حصے پر یہ توانائی نظر آتی ہے اور پچاس فیصد شمسی توانائی انفرا ریڈ اور بقیہ الٹرا وائلٹ کی شکل میں نمودار ہوتی ہے۔ بعض اوقات ہم جس چیز کی طلب کر رہے ہوتے ہیں وہ ہمارے پاس ہی ہوتی ہے مگر اس کی طرف دیر سے متوجہ ہوتے ہیں۔ شمسی توانائی بھی انہی چیزوں میں سے ایک چیز ہے۔ اگر ہم آج سے دو چار سال پہلے ہی شمسی توانائی سے بجلی کے حصول پر کام شروع کر دیتے تو دور حاضر میں بجلی کے بحران کا شکار نہ ہوتے۔ ہمارے ملک کا شمار دنیا کے ان خوش نصیب ممالک میں ہوتا ہے جہاں سورج کی کرنیں زیادہ دیر تک پڑتی ہیں۔ پاکستان سال کے تین سو پینسٹھ دنوں میں ڈھائی سو سے لے کر تین سو بیس دنوں تک سورج کی دھوپ سے توانائی کی پیداوار کو یقینی بنا سکتا ہے۔ سورج کی کرنیں قدرت کا وہ عطیہ ہیں جو توانائی کے حصول کے لئے مفید ہیں۔ دیگر ذرائع سے حاصل توانائی کے مقابلے میں سورج کی کرنوں سے چھتیس گنا زیادہ توانائی حاصل ہو سکتی

ہے، شمسی توانائی کے بغیر زمین پر زندگی ممکن نہیں۔ دنیا میں شمسی توانائی کو بنیادی طور پر دو حصوں میں تقسیم کیا جاتا ہے، ان دو اقسام میں سولر تھرمل اور سولر فوٹو وولٹائی (سولر پی وی) شامل ہیں۔۔۔

سولر تھرمل بجلی پیدا کرنے کا طریقہ ہے۔ اس طریقے میں پانی کو بھاپ کی شکل دی جاتی ہے اور بھاپ کی مدد سے ٹربائنز کو چلایا جاتا ہے جس سے بجلی پید ہوتی ہے۔ گیس یا کوئلے سے چلنے والے بجلی گھروں میں حرارت آگ سے لی جاتی ہے جبکہ سولر تھرمل میں حرارت آگ کے بجائے براہ راست سورج سے حاصل کی جاتی ہے۔ اِس طریقے میں دھوپ کی شعاعوں کو ایک ہی نقطے پر مرکوز کرتے ہوئے کسی پائپ میں موجود مائع کو گرم کیا جاتا ہے۔ آج کل جو کھانا پکانے کے لئے شمسی چولہوں کا استعمال کیا جارہا ہے وہ سولر تھرمل طریقہ ہی ہے۔

شمسی بیٹریوں کو سائنسی اصطلاح میں فوٹو وولٹک (پی وی) کہا جاتا ہے۔ فوٹو کا مطلب روشنی اور وولٹک سے مراد بجلی ہے۔ فوٹو وولٹائی سیل وہ ایجادات ہیں جو سورج کی روشنی کو مکینکیل جنریٹروں اور تھرموڈائنامیک سائیکلز سے گزار کر بجلی میں تبدیل کرتی ہیں۔ فوٹو وولٹائی کا مطلب ہے، ایسی روشنی جو بجلی میں تبدیل ہو جائے اس عمل میں سورج کی روشنی میں شامل فوٹونز سیلی کونز کے آزاد الیکٹرانز کو اپنی طرف کھینچتے ہیں۔

کسی بھی عام آدمی کے لئے یہ بات قابل غور ہے کہ سورج کی روشنی سے توانائی کا حصول کیسے کیا جاتا ہے۔ شمسی توانائی سے توانائی کے حصول کے لئے بنیادی عنصر سولر سیل کہلاتا ہے۔ جب سورج کی شعاعیں پینل پر پڑتی ہیں تو سولر سیل کے ذریعے بجلی پیدا ہوتی ہے۔ ماہرین کے مطابق ایک سولر پینل بیس سے پچیس برس کے لئے کارآمد ہو سکتا ہے۔ سولر پی وی کی مزید اقسام میں جن میں تھن فلم، کنسنٹریٹڈ اور ایکٹو سولر انرجی شامل

ہیں۔

تھن فلم سولر سیل کو تھن فلم فوٹو وولٹک بھی کہا جاتا ہے۔ تھن فلم سولر سیل کو ایک یا ایک سے زیادہ فوٹو وولٹک مواد کی پتلی تہوں کو جمع کر کے بنایا جاتا ہے اور یہ شمسی توانائی کو بجلی بنا کر اپنے اندر محفوظ کر لیتی ہیں۔ اس طرح کی بیٹری توانائی کی کم مقدار کو محفوظ کرتی ہے مگر اس کا سامان پاکستان میں کم قیمت پر دستیاب ہے۔ سلیکون تھن فلم بیٹری کے لئے ایمور پھس، پروٹو کرسٹلائن، نینو کرسٹیلائن اور بلیک سلیکون استعمال ہوتا ہے۔ تھن فلم بیٹریز کا وزن کم ہوتا ہے اس لئے ان بیٹریز کو با آسانی بڑی بڑی عمارتوں کی چھت پر لگایا جاتا ہے۔

کنسنٹریٹڈ سولر سسٹم میں لینز اور شیشوں کی مدد سے سورج کی توانائی پیدا کی جاتی ہے۔ جب سورج کی کرنیں توانائی میں تبدیل ہوتی ہیں تو یہ سٹم ٹربائن یا برقی توانائی کے جنریٹر کو چلاتی ہیں اور برقی توانائی پیدا ہوتی ہے۔

آج کے دور میں کھانا پکانے، پانی گرم کرنے، مکانوں کو ٹھنڈا یا گرم رکھنے یا پھر پھلوں کو سکھانا ہو؛ ان تمام کاموں کے لئے شمسی تونائی کا استعمال کیا جارہا ہے۔ جب سورج کی یہ کرنیں سٹیم ٹربائن کا استعمال کئے بغیر شمسی توانائی مِیں تبدیل ہو جاتی ہیں تو اسے کنسنٹریٹڈ فوٹو وولٹک (سی پی وی) کہا جاتا ہے۔ کنسنٹریٹڈ ٹیکنولوجی چار شکلوں میں پیدا ہوتی ہے۔ ان میں ڈش، ریفلیکٹر، شمسی ٹاور اور پائپوں سے شمسی توانائی پیدا کی جاتی ہے۔ اس طرح کے سسٹم گرم علاقوں میں لگائے جاتے ہیں جہاں تیز دھوپ ہو۔

پاکستان میں شمسی توانائی کے استعمال کی سخت ضرورت ہے۔ ہمارے ملک کی عوام بجلی کے بحران میں الجھی ہوئی ہے اور پر قابو پانے کے لئے ہمیں ایسی توانائی استعمال کرنی ہو گی جو ملکی توانائی کی بچت بھی کرے اور عوام کو بلا تعطل توانائی کی فراہمی بھی ممکن ہو

شمسی توانائی اس اعتبار سے بہترین ہے۔ پاکستان میں بجلی کے حصول کے متبادل ذرائع کے لئے حکومت پاکستان کے خصوصی بورڈ نے گزشتہ چند برسوں میں ملک بھر میں متعدد دیہاتوں میں سولر پلانٹ نصب کئے ہیں۔ جن میں راولپنڈی، تربت، ڈیرہ غازی خان، قلات، قلعہ سیف، چیچہ، گجرات کے نام معروف ہیں۔ پاکستان میں سب سے بڑا مسئلہ جس کی وجہ سے توانائی کے مسائل قابو نہیں ہو پاتے وہ یہ ہے کہ حکومت ایک دفعہ شمسی پینلز تو نصب کر دیتی ہے مگر پھر دوبارہ ان پینلز کی طرف توجہ نہیں دیتی جس سے وہ خراب ہو جاتے ہیں۔

توانائی کی کمی، قدرتی ذخائر، پٹرول، بجلی اور گیس کی شکل میں اس کے بڑھتے ہوئے استعمال کے پیش نظر ۲۰۰۴ء میں حکومت پاکستان نے متبادل ذرائع سے بجلی حاصل کرنے کے منصوبے کا آغاز کیا۔ اس منصوبے کے تحت دور دراز دیہاتوں کے لئے سورج کی روشنی اور صنعتوں کے لیے ہوا کے ذریعے بجلی پیدا کرنے کے منصوبے پر عمل درآمد شروع کیا گیا۔ پاکستان میں اپنی نوعیت کے اس منصوبے کا آغاز ملک میں متبادل ذرائع سے توانائی کے حصول کے لئے حکومتی سطح پر ایک ادارہ الٹرنیٹیو انرجی ڈیویلپمنٹ بورڈ (اے ای ڈی ای بی) قائم کیا گیا ہے۔ جس کا مقصد ملک میں متبادل توانائی کے استعمال کو فروغ دینا ہے۔

اسلام آباد سے پچاس کلو میٹر کے فاصلے پر واقع گاؤں ناریاں کھوریاں میں سو سولر پینلز نصب کئے گئے ہیں۔ ایک مقامی فرم نے یہ شمسی توانائی پیدا کرنے کے آلات بلا معاوضہ نصب کئے ہیں تاکہ ملک میں شمسی توانائی کی اہمیت کو اجاگر کیا جا سکے۔ ان ایک سو شمسی پینلز کی تنصیب کے بعد اس گاؤں کے ایک سو سے زائد گھروں کو بجلی کی سہولت میسر آچکی ہے۔ مقامی افراد کا کہنا تھا کہ انہیں امید نہیں تھی کہ ان کے علاقے

میں کبھی اس طرح بجلی کا حصول ممکن بنایا جاسکے گا کیونکہ گرڈ سٹیشن سے کئی میل فاصلے پر ہونے کی بنا پر اس علاقے کو بجلی کی فراہمی پر کئی گنا زیادہ لاگت درکار تھی لیکن شمسی توانائی سے بجلی کا حصول نسبتاً کئی گنا آسان اور کم قیمت ہے۔

پاکستان گزشتہ کئی سال سے بجلی کے شدید بحران کا شکار ہے اور آئندہ آنے والے چند برسوں میں اس صورتحال کے مزید بھیانک ہو جانے کا اندیشہ ہے۔ اس لئے بجلی پیدا کرنے والے متبادل ذرائع کی جانب خصوصی توجہ دینے کی ضرورت ہے۔ شمسی توانائی پاکستان میں بڑے پیمانے پر بجلی کے بحران پر قابو پانے میں اہم کردار ادا کر سکتی ہے۔ اس ضمن میں اگر مقامی طور پر سولر پینلز کی تیاری کا کام عمل میں لایا جائے تو یہ نہایت موزوں ثابت ہو سکتا ہے۔ کم قیمت ہونے کے ساتھ ساتھ عوام تک ان کی رسائی بھی قدرے آسان ہو گی۔

اگر سولر سیل بیرون ملک سے درآمد کیا جائے تو ایک عشاریہ بارہ والٹ کے ایک سولر سیل کی قیمت ایک یو ایس ڈالر ہے جبکہ پینل کے لئے زیادہ سولر سیلز کی ضرورت ہوتی ہے،اگر ہم پورے ملک کو بجلی کی فراہمی کے لئے سیلز درآمد کرتے ہیں تو یہ لاگت کروڑوں بلکہ اربوں روپے تک پہنچ جاتی ہے۔ دوسری جانب خستہ حال معاشی صورتحال کے پیش نظر اتنے بڑے پیمانے پر سولر سیلز درآمد نہیں کئے جاسکتے۔ اس لئے ہمارے پاس مقامی طور پر سولر سیلز کی تیاری کے علاوہ کوئی دوسرا چارہ نہیں ہے۔ اس ضمن میں خام مال، ہنرمندوں اور انفراسٹکچر پر توجہ دینا ضروری ہے۔

سولر سیلز اعلیٰ معیار کے سلیکون سے تیار کئے جاتے ہیں، جسے کوارٹز کہا جاتا ہے۔ پاکستان کے شمالی علاقے اس قدرتی نعمت سے مالامال ہیں۔ ضرورت اس امر کی ہے کہ اس خام مال کو صفائی کے عمل سے گزارنے کے بعد قابل استعمال بنایا جائے اور اس سے سولر

سیلز کی تیاری کی جائے۔ حیرت کی بات یہ ہے کہ شمالی علاقہ جات میں اس قیمتی دھات سے مقامی افراد گھروں کی تعمیر کرتے ہیں۔ فرش پر بطور ماربل جبکہ دیواریں کھڑی کرنے کے لئے اینٹوں کی طور پر اس دھات کے ٹکڑے استعمال کئے جاتے ہیں۔ سولر سیلز کی تیاری میں دوسرا اہم خام مال ریت کے ذرات ہیں۔ جنہیں سیلکا بھی کہا جاتا ہے۔ جس کی ایک بڑی مقدار دریائے سندھ میں پائی جاتی ہے۔ یہ بات بالکل واضح ہے کہ سولر سیلز کی تیاری میں استعمال ہونے والے دونوں بنیادی عناصر کے ذخائر ہمارے ملک میں کثرت سے پائے جاتے ہیں۔ پاکستان میں سولر پینلز تیار کرنے والی صرف ایک فیکٹری قائم ہے۔ جو کہ اسلام آباد کے قریب حطار میں واقع ہے۔ لیکن اس فیکٹری میں سولر سیلز تیار نہیں کئے جاتے جس کی بنیادی وجہ ملک میں اعلی پائے کی مشینری اور افرادی قوت کی کمی ہے۔

پاکستان میں شمسی توانائی کے استعمال کی ایک بہترین مثال موٹروے پر دیکھی جا سکتی ہے۔ جہاں بذریعہ فون ہیلپ لائن کی فراہمی کے لئے کھمبوں کے ساتھ سولر پینلز نصب کئے گئے ہیں۔ ہر سولر پینلز کے نیچے ایک بیٹری بھی نصب ہے جو رات کے لئے بھی بجلی محفوظ کر لیتی ہے۔ موٹروے پر نصب فون کا مکمل نظام شمسی توانائی کی مدد سے کام کر رہا ہے۔

دنیا بھر میں سورج کی روشنی سے توانائی کی ضروریات کو پورا کرنے کا سلسلہ عرصہ دراز سے جاری ہے۔ اسپین کے علاقے نیوررا میں بجلی کی ستر فی صد ضرورت کو شمسی توانائی اور پن بجلی کی مدد سے پورا کیا جا رہا ہے۔ اس علاقے میں کوئلے، گیس یا تیل سے ذخائر بالکل نہیں ہیں اس کے باوجود یہاں شمسی توانائی کے ذریعے بلا تعطل بجلی فراہم کی جاتی ہے۔

یہ علاقہ متبادل ذرائع سے بجلی حاصل کرنے کی بہترین مثال ہے۔ اس مثال کو

سامنے رکھتے ہوئے ماہرین کا خیال ہے کہ اگر ایسے علاقے میں بجلی کی پیداوار ممکن ہے تو پاکستان میں بھی سنجیدگی کے ساتھ اس حوالے سے غور کر کے عمل درآمد کو ممکن بنایا جا سکتا ہے۔

اگر پاکستان شمسی توانائی کے استعمال پر توجہ دے تو ہم دن میں براہ راست شمسی توانائی کا استعمال کر سکتے ہیں۔ اس طرح لوڈشیڈنگ بھی ختم ہو جائے گی اور ملکی توانائی پر بوجھ بھی نہیں پڑے گا۔ یعنی رات کے وقت حکومتی بجلی استعمال کی جائے اور دن کے وقت شمسی توانائی سے کام چلایا جائے۔

آج کل آٹھ سے بارہ گھنٹے کی طویل لوڈشیڈنگ سے زندگی مفلوج ہو کر رہ گئی ہے لیکن لوڈشیڈنگ کے خاتمے کے حوالے سے کوئی پیشن گوئی کرنا مشکل ہے۔ اس کے ساتھ ساتھ بجلی کے نرخوں میں اضافہ جلتی پر تیل ڈالنے کے مترادف ہے۔ پاکستان اس وقت جہاں معاشی بحران اور دہشت گردی جیسے مسائل میں گھرا ہوا ہے وہیں عوام کی زندگیاں بھی بری طرح متاثر ہو رہی ہیں۔ سورج کی کرنیں خدا کا دیا ہوا تحفہ ہیں جس سے پاکستانی عوام اپنے مسائل حل کر سکتے ہیں۔

***

کلوننگ کا عمل کیا ہے؟

حافظ حسن مدنی

سادہ الفاظ میں انسانی کلوننگ سے مراد ایسا عمل ہے جس کے ذریعے مردانہ کرمِ منی اور نسوانی بیضہ کے فطری ملاپ کے بغیر خلیاتی سطح پر سائنسی عمل کے ذریعے سلسلہ تناسل جاری رکھنے کی کوشش کی جاتی ہے۔ اس میں نسوانی بیضہ کے خلیہ کا کسی بھی دوسرے جنسی یا غیر جنسی خلیہ سے اس طرح ملاپ کروایا جاتا ہے کہ نسوانی بیضہ کے خلیہ 'الف' کا مرکزہ نکال کر ضائع کر دیا جاتا ہے اور دوسرے غیر جنسی، مردانہ یا زنانہ خلیے 'ب' (جو جسم کے کسی بھی حصے سے لیا جا سکتا ہے) کا مرکزہ نکال کر اس نسوانی بیض ہ میں فٹ کر دیا جاتا ہے۔ 'ب' خلیہ چونکہ جسم کے کسی بھی حصہ کا ہو سکتا ہے، اس لئے اس میں پورا انسان بنانے کی صلاحیت دَب کر، اس مخصوص حصہ کی صلاحیتیں غالب ہوتی ہیں۔ چنانچہ کرنٹ کے ذریعے اس کی کامل صلاحیتوں کو دوبارہ متحرک کر دیا جاتا ہے۔ اور اس مصنوعی طریقہ سے تیار ہونے والے خلیہ کو اسی کرنٹ کے ذریعے نمو اور تقسیم در تقسیم کے مراحل کے لئے تیار کیا جاتا ہے۔ گویا کہ اب یہ خلیہ اس 'نطفہ امشاج' یا 'زائیگوٹ' کے مرحلہ تک پہنچ جاتا ہے جو روایتی طریقہ تولید کے بعد وجود میں آتا تھا۔ بعد ازاں اس زائیگوٹ کو رحم مادر میں منتقل کر دیا جاتا ہے۔ اگلے مراحل روایتی ہی ہوتے ہیں۔ دو خلیوں (الف اور ب) سے ایک خلیہ مصنوعی طور پر حاصل کرنے کی وجہ اور فوائد کیا

ہیں اور اس کا اس روایتی زائیگوٹ سے کیا فرق ہے ؟ اسی کے جواب میں کلوننگ کی ساری محنت کا حاصل پوشیدہ ہے...

کرمِ منی اور نسوانی بیضے کے فطری ملاپ کی صورت میں بھی دراصل ایک نیا خلیہ ہی وجود میں آتا ہے۔ جو نمو کی فطری صلاحیت کی بنا پر تقسیم در تقسیم کا عمل شروع کرتا ہے اور مخصوص ماحول میں آخرکار ایک بچے کی شکل اختیار کرلیتا ہے۔ یہ نیا خلیہ مرد اور عورت کے دو جنسی خلیوں کے ملاپ سے بنتا ہے۔ انسانی جنسی خلیات کے مرکزوں میں ۲۳، ۲۳ اکیلے کروموسومز ہوتے ہیں، جبکہ انسانی غیر جنسی خلیہ کے مرکزہ میں ۲۳ جوڑے کروموسومز ہوتے ہیں۔ ان کروموسومز میں ہی تمام موروثی جین اور ڈی این اے وغیرہ ہوتے ہیں، جن کی بنا پر انسان میں وراثت آگے منتقل ہوتی ہے۔ جنسی خلیات میں ۲۳، ۲۳ کروموسومز ہونے کا مطلب یہ ہے کہ دراصل خلیات کے وہ مرکزے قابل ملاپ ہوتے ہیں۔ جنسی خلیوں کے ۲۳ اکیلے ، اکیلے کروموسومز ملاپ کے بعد جب ۲۳ جوڑے (آسان الفاظ میں ۴۶) کروموسومز بن جاتے ہیں تو ان ۲۳ جوڑوں والے خلیہ سے ہی انسان کی تخلیق کا عمل شروع ہو سکتا ہے۔ جنسی خلیات کے مرکزوں کی ملاپ کی صورت ایک انسان دو مرکزوں سے مل کر وجود میں آتا ہے اور اس میں دو انسانوں کی خصوصیات اُلجھی ہوتی ہیں، کوئی خوبی ایک انسان کی اور دوسری دوسرے انسان کی، جبکہ بعض خوبیاں ان انسانوں کے والدین یا نسل کی بھی۔ اس صورت میں کسی خوبی یا صلاحیت کا حصول یقینی نہیں رہتا بلکہ مختلف عوامل کے نتیجے میں بعض خوبیاں بعض پر غلبہ حاصل کرلیتی ہیں۔ اس کا حل یہ سوچا گیا کہ غیر جنسی خلیہ کا ۴۶ کروموسومز پر مشتمل مرکزہ کسی ایسے خلیہ کے بیرونی حصہ میں داخل کرلیا جائے جو اس کی آگے پیدائش کی بھی ضامن ہو، اور یہ ضمانت صرف نسوانی بیضہ کے خلیہ کے بیرونی حصہ میں موجود ہوتی ہے۔

چنانچہ کوئی بھی غیر جنسی خلیہ کا مرکزہ مصنوعی طریقہ سے نسوانی بیضہ کے خول میں داخل کیا گیا ہے اور اسے آگے مستقل خلیہ کی طرح افزائش رنمو کے لئے تیار کیا گیاہے۔ ایسی صورت میں دو مرکزوں میں ٹکرائو نہیں ہوتا، نہ ہی خصوصیات کی جنگ ہوتی ہے، بلکہ مقابل کچھ بھی معلومات موجود ہی نہیں ہوتیں۔ جس انسان کا یہ مرکزہ ہوگا، بالکل اس جیسا دوسرا انسان پیدا ہوگا، جنس، رنگ، فطری وموروثی صلاحیتوں وغیرہ کے اعتبار سے۔ ابھی یہ تو ایک خواہش ہے، جو ابھی تدریجی مراحل میں ہے اور مکمل تعبیر کی محتاج ہے!

کلوننگ کی بعض صورتوں میں مردانہ خلیہ کی بھی ضرورت نہیں، بلکہ ب خلیہ جس سے مرکزہ لینا مقصود ہے، اسی عورت کے جسم کے کسی بھی حصہ کا ہوسکتا ہے جس سے بیضہ لیا گیا۔ یادرہے کہ مرد پیدا کرنے کی صلاحیت صرف مردانہ خلیوں کے کروموسومز میں ہی ہوتی ہے۔ فطری طریقہ تولید کی صورت میں اگر مرد کے مرکزہ کے کروموسومز کی بیٹا پیدا کرنے والی خصوصیت مقابل مرکزہ پر غلبہ حاصل کرے تو بیٹا ورنہ بیٹی پیدا ہوتی ہے۔ چنانچہ مرد پیدا کرنے کے لئے تو مردانہ غیر جنسی خلیہ کا مرکزہ ضروری ہے، لیکن عورت پیدا کرنے کے لئے نسوانی بیضہ کے خلیہ کو مرد کے خلیہ کی ضرورت نہیں!!

انسان کی وفات کے بعد، یا دورانِ زندگی بھی جسم کے بعض خلیات مردہ ہوجاتے ہیں، مردہ خلیات سے یہ عمل نہیں کیا جاسکتا۔ اگر انسان کی وفات کے بعد اس کے بعض خلیات کو سائنسی طریقہ سے محفوظ کرلیا جائے تو ان کو کچھ عرصہ زندہ بھی رکھا جاسکتا ہے اور ان کی مدد سے اس انسان کی نقل تیار کرنے کا امکان بھی ہے۔

کلوننگ کی ایک صورت معالجاتی کلوننگ کی بھی ہے۔ انسان کے بعض اعضا ناکارہ

ہو جائیں تو اس میں دوسرے انسان کے اعضا کی پیوند کاری وقتی فائدہ دیتی ہے، انسانی جسم انہیں قبول کرنے سے انکار کرتا رہتا ہے جس کے لئے دوائوں کے ذریعے انسانی جسم کی قوت مدافعت کم کی جاتی ہے، جو مجموعی طور پر بذاتِ خود بڑی ضرر رساں ثابت ہوتی ہے۔اس لئے کلوننگ کے ذریعے متاثرہ/مطلوبہ اعضا کے ہو بہو تیاری بھی ممکن ہے۔ ایسی صورت میں سابقہ طریقہ ہی بروئے کار لاکر زائیگوٹ میں جب جفت تقسیم در تقسیم کا عمل شروع ہوتا ہے تو اس سے بعض ایمبریو حاصل کر لئے جاتے ہیں اور بعض کیمیکلز ڈال کر پورا انسان بنانے کی بجائے بعض مخصوص اعضاء پیدا کرنے کی طرف مائل کرنا ممکن ہو چکا ہے۔یہ اعضاء رحم مادر کی بجائے کسی مطلوبہ ماحول میں چند دنوں میں پیدا کئے جاسکتے ہیں، جو مرکزہ والے انسان کے جسم میں مزاحمت کی بجائے قبولیت کا رجحان پائیں گے۔کلوننگ کے جہاں بہت سے فوائد متوقع ہیں وہاں اس کے متعدد نقصانات بھی ہیں۔ شریعت میں اس سائنسی عمل کی کس حد تک گنجائش ہے اور کس حد تک نہیں؟ یہ بھی بڑا تفصیل طلب موضوع ہے۔کلوننگ کی صورت میں جن فوائد کا دعویٰ کیا جاتا ہے، وہ بھی یقینی نہیں بلکہ ان میں سے اکثر خواہش کا ہیں یا صرف دعووں کا درجہ رکھتے ہیں۔

***

رحم مادر کی پیوند کاری اسلام کی نظر میں

مقبول احمد سلفی

ٹکنالوجی کے اس حیران کن دور میں انسانوں کو حیران کر دینے والی نئی نئی دریافتیں ہورہی ہیں، دریافتیں کیسی بھی ہوں مادہ پرستی کے دور میں اکثر لوگ بلا سمجھے بوجھے ان کا حامی بھرنے لگتے ہیں، ایک مسلمان ہونے کی حیثیت سے ہمارا فریضہ بنتا ہے کہ جو نئی نئی دریافتیں ہورہی ہیں ان کے متعلق علمائے اسلام سے شرعی حیثیت دریافت کریں کہ کہیں انجانے میں حرام کام میں ملوث نہ ہوجائیں۔ اسلام نہ سائنس کے مخالف ہے، نہ نئی ایجادات واکتشافات کا مخالف ہے اور نہ ہی جدید آلات وٹکنالوجی کے مخالف ہے۔ ہاں اسلام ایک منظم نظام حیات پیش کرتا ہے ، اس کے اپنے اصول وتعلیمات ہیں ، نئی دریافت اور ٹکنالوجی کی جو چیز اسلامی نظام سے متصادم ہوگی اس کا استعمال ہمارے لئے جائز نہیں ہوگا۔

رحم مادر کی پیوند کاری بھی دنیا والوں کے لئے ایک نئی کھوج ہے، گوکہ اس پہ برسوں سے تجربہ کیا جارہا تھا۔ پہلے جانوروں پہ تجربہ کیا گیا، وہاں کامیابی ملی تو پھر انسانوں پر برتا گیا اور متعدد قربانیوں اور انسانی ہلاکتوں کے بعد تین ممالک (سویڈن، امریکہ اور بھارت) میں اب تک رحم مادر کی پیوند کاری پہ تجربہ کامیاب ہوا ہے۔ پہلی بار ۲۰۱۴ میں سویڈن میں کامیابی ملی ، اور پھر ۲۰۱۷ میں امریکہ اور بھارت میں یہ تجربہ کامیابی کے

مرحلہ سے گزرا۔

رحم مادر کو انگلش میں یوٹرس اور پیوندکاری کو ٹرانسپلانٹ کہا جاتا ہے،اسطرح رحم مادر کی پیوندکاری کی انگریزی اصطلاح یوٹرس ٹرانسپلانٹ(Uterus Transplant) رائج ہے۔

بھارت کے شہر پونے کے گیلیکسی نامی ہسپتال میں گجرات کی رہنے والی خاتون میناکشی ولانڈ نے ۱۸/اکتوبر ۲۰۱۸ کو ایک بیٹی کو جنم دیا ہے جس میں اسی کی ماں کی بچہ دانی ٹرانسپلانٹ کی گئی تھی۔اس بات سے جہاں بھارت کا سر فخر سے بلند ہو رہا ہے وہیں لوگوں میں اس تجربہ کی خوشی منائی جا رہی ہے اور مستقبل میں عورت کے بانجھ پن کے خاتمہ کی امید جتلائی جا رہی ہے۔

ابھی تک دنیا میں جسے بچہ نہ ہو وہ یا تو صبر کرتا رہا ہے،یا کسی عورت کی کوکھ کرایہ پر لیکر بچہ (Surrogate) پیدا کیا ہے یا دوسرے کا بچہ (Adoption) گود لیا ہے۔ دوسری صورت کو سروگیسی یا سروگیٹ مدرہوڈ کہا جاتا ہے،اس کا طریقہ کار یہ ہے کہ مرد کی منی اور عورت کا بیضہ ملاکر لیباٹری میں جینین تیار کیا جاتا ہے پھر تیار شدہ جینین کو انجکشن کے ذریعہ عورت کی بچہ دانی میں ڈالا جاتا ہے۔اسلام میں یہ عمل ناجائز ہے۔ مصنوعی حمل کے کئی اقسام ہیں،ان میں بعض جائز بھی ہیں اس پہ آگے بحث آئے گی۔

رحم مادر کی پیوندکاری کے اسباب ومقاصد:

☆ شادی کے بعد ایک عورت کی خواہش ماں بننے کی ہوتی ہے لیکن جب اسے شادی کے بعد بچہ پیدا نہیں ہوتا ہے تو در در کی ٹھوکریں کھاتی ہے،ڈاکٹروں سے مدد کی گہار لگاتی ہے یہ بڑی وجہ بنی رحم مادر کی پیوندکاری کی۔

☆ اسکے علاوہ مجھے یہ وجہ بھی کچھ کم بڑی نہیں معلوم ہوتی ہے کہ آج کل بڑی تعداد

میں عورتیں اپنی بچہ دانی کٹوا کر پھینک رہی ہیں ، ہسپتالوں میں بڑی تعداد میں ضائع ہونے والے انسانی عضو (رحم مادر) کی موجودگی نے اطباء اور سائنس دانوں کو اس طرف توجہ مبذول کیا اور اس کو کارآمد بنانے میں غور و فکر کی دعوت دی۔

☆ سائنسداں دنیا والوں کو نئی نئی کھوج سے متعارف کرانے کی ہمہ وقت کوشش کرتے رہتے ہیں، اس پہلو پہ کسی کی نظر گئی اور تجربہ شروع ہو گیا، ہلاکتوں کے باجود اس پہ مسلسل تجربہ کی وجہ یہ بنی کہ یہ معیشت کا بڑا دروازہ کھول رہا تھا، جسے اولاد نہ ہو رہی ہو اس کے لئے اولاد کی امید جگانے والا منہ مانگی رقم حاصل کر سکتا ہے۔

☆ کچھ عورتوں کے ساتھ رحم کی پیچیدگی ہوتی ہے جس کی وجہ سے اسے مجبوراً ہٹانا پڑتا ہے، کچھ عورتوں میں پیدائشی طور پر بچہ دانی ہی نہیں ہوتی، کچھ کے پاس بہت چھوٹی ہوتی ہیں تو کچھ کا حمل بار بار اسقاط ہو جاتا ہے، بعض کو سرے سے حمل ہی نہیں ٹھہرتا۔ یہ باتیں بھی مادر رحم کے ٹرانسپلانٹ کے لئے محرک بنیں۔

سائنس وطب کا ماننا ہے کہ رحم مادر کی پیوندکاری کا مقصد یہ ہے کہ جو عورت بانجھ (Infertility) ہو یا کسی وجہ سے بچہ نہیں ہو رہا ہو اور وہ کسی دوسرے کی کوکھ کا بچہ بھی نہیں چاہتی ہو، اپنی ہی کوکھ سے بچہ جنم دینا چاہتی ہو ایسی ہر عورت ماں بن سکتی ہے اور اپنی ہی کوکھ سے بچہ جنم دے کر اپنی آرزو پوری کر سکتی ہے، اسی مقصد کے تحت مادر رحم کی پیوندکاری کا عمل معرض وجود میں آیا ہے۔

رحم مادر کی پیوندکاری کا طریقہ:

ایک عورت کی بچہ دانی نکال کر دوسری عورت میں پیوند کی جاتی ہے، عموماً قریبی عورت ماں، بہن یا خالہ کی بچہ دانی بہتر مانی جاتی ہے کیونکہ ان کے درمیان ٹشوز اور خلئے میں مماثلت پائی جاتی ہے۔ یوٹرس ٹرانسپلاٹ کا مکمل عمل دس سے بارہ گھنٹوں پر مشتمل

نہایت شوار گزار ہوتا ہے کیونکہ انسانی بدن میں ایک انجان عضو لگنے سے اسے مسترد کئے جانے کا سنگین خطرہ لگا رہتا ہے۔ اس میں بچہ دانی کی ہی پیوند کاری ہوتی ہے، نسوں اور بیضہ دانی (Ovary) کی نہیں۔ عضو بندی کے بعد ایک سال تک اس کی خوب نگرانی کی ضرورت ہے پھر لیباٹری ٹسٹ سے حمل کی صلاحیت ظاہر ہونے پر شوہر کے نطفے اور بیوی کے بیضے کو لیباٹری میں جینین بنایا جاتا ہے اس کے بعد انجکشن کے ذریعہ عورت کی کوکھ میں نصب کیا جاتا ہے۔ سویڈن کے کامیاب تجربہ میں گیارہ نطفے تیار کئے گئے تھے اور انہیں منجمد کر دیا گیا پھر ان میں سے ایک منجمد نطفہ بچہ دانی میں ڈالا گیا۔

رحم مادر کی پیوند کاری کی ہلاکتیں:

رحم مادر کی پیوند کاری انتہائی خطرناک ہے، اس سے نہ صرف بیماری لاحق ہوتی ہے بلکہ جان بھی چلی جاتی ہے اور اس عمل کے ارتقائی ادوار میں کئی جان جانے پہ تاریخ شاہد ہے۔ عمومی خطرہ یہ ہے کہ نئے عضو کا اضافہ جسم قبول نہیں کر پاتا ہے اور جلد ہی اسے کاٹ کر ہٹا دیا جاتا ہے اور یہ متعدد بیماریوں کا سبب بن سکتا ہے۔ اس عالم میں سال بھر خطرات منڈلاتے ہیں اور کڑی نگرانی کی جاتی ہے اور قوت مدافعت دواؤں کے ذریعہ سست کر دی جاتی ہے تاکہ عضو جدید کو قبول کر سکے مگر مدافعاتی قوت کی کمی سے ذیابیطس کا خطرہ بڑھ جاتا ہے، اس کے ساتھ بلڈ پریشر کے بڑھنے اور کم ہونے کا بھی خطرہ رہتا ہے بلکہ یہ عورت کے لئے جان لیوا بھی ہے۔ مردہ عورت کی بچہ دانی کی منتقلی کامیاب نہیں ہے اس وجہ سے زندوں سے ہی یہ عضو لیا جاتا ہے بلکہ غیر عورت کی بچہ دانی کا ٹرانسپلانٹ تجرباتی اعتبار سے نقصان دہ بتلایا جا رہا ہے اس لئے قریبی عورت ماں یا بہن یا خالہ وغیرہ کی بچہ دانی کو کم نقصان والا بتلایا جا رہا ہے کیونکہ ان کے درمیان ٹشوز اور خلئے میں زیادہ مماثلت پائی جاتی ہے۔ سرجری کے علاوہ حمل، توالد اور زچہ بچہ تمام مراحل

مشکل ترین ہیں۔ نہ ہی حمل آسان ہوتا ہے اور نہ ہی زچگی، اور کم وقتوں میں بچے کی پیدائش ہو جاتی ہے جس سے مولود کو سخت حفاظت کی ضرورت ہوتی ہے۔ حمل اور زچگی کے دوران پیچیدگیاں پیدا ہونے سے زچہ اور بچہ دونوں کو جان کا خطرہ لاحق ہو سکتا ہے۔

۱۹۳۱ میں جرمنی میں ایک ہجڑے (Transgender) میں بچہ دانی کو ٹرانسپلانٹ کیا گیا لیکن یہ عمل کامیاب نہ ہوا اور اس کی جان چلی گئی۔ ۲۰۰۲ میں سعودی عرب میں ایک چھبیس سالہ عورت میں چھیالیس سالہ اجنبی عورت کی بچہ دانی کی منتقلی کا عمل ہوا مگر انفکشن کے سبب چند ہفتوں میں ہی یہ عضو نکالنا پڑا۔ ۲۰۱۴ میں سویڈن میں تاریخ کے پہلا بچہ یوٹرس ٹرانسپلانٹ سے ۳۱ ہفتے میں پیدا ہوا اور پیدائش کے وقت دل کی دھڑکن خلاف معمول پایا گیا۔ ہندی خاتون میناکشی کے پیٹ محض بائیس ہفتے ہی بچہ ہوا اور وہ اس مولود تک رسائی حاصل کرنے کے لئے مسلسل سترہ ماہ تک اسپتال میں انتہائی نگرانی میں زیر علاج رہی۔

میناکشی کا یوٹرس ٹرانسپلانٹ کر رہے ڈاکٹر شیلیش کا کہنا ہے کہ یہ عمل انتہائی خطرناک ہے، وہ کہتے ہیں کہ اب تک اس طرح سے دنیا میں گیارہ حمل ٹھہرا ہے، نو سویڈن میں، دو یونائیٹڈ اسٹیٹ میں اور بارہ بچہ ہمارا ہے۔ یہ کوئی آسان سرجری نہیں ہے اور نہ حمل ٹھہرنا آسان ہے۔

بہر کیف! یہ عمل خطرات پر مشتمل ہے، دنیا بھر میں کتنی ساری عورتوں کا یوٹرس ٹرانسپلانٹ کیا گیا، اکثر کو نقصان ہوا، اب تک محض بارہ بچوں کی پیدائش کا ذکر ملتا ہے، یہ بارہ بچے بھی محض دعوے ہیں، ان سب کی تفصیل نہیں ملتی۔ اس کا سب سے خطرناک پہلو یہ ہے کہ سرجری، حمل اور پیدائش سب امید پہ قائم ہے یعنی نتیجہ کا یقین نہیں ہوتا محض امید پہ یہ سارا عمل انجام دیا جاتا ہے آگے کچھ بھی ہو سکتا ہے۔

برتھ کنٹرول اور یوٹرس ٹرانسپلانٹ کا تصادم:

ماہرین طب نے خوشحالی، تعلیم، ترقی اور صحت کا نعرہ لگا کر خوشنما طریقے سے برتھ کنٹرول کرنے اور خاندان چھوٹا بنانے کا منصوبہ دیا جسے خاندانی منصوبہ بندی کا نام دیا جاتا ہے، علمائے طب کی اس تجویز و منصوبہ سے سماج پر مہلک اثرات مرتب ہوئے، اقساط حمل اور ضبط ولادت کے مختلف طریقے اپنائے گئے حتی کہ نس بندی اور چھوٹا خاندان فخر کا باعث بن گیا۔ آج عوام تباہی کے دہانے پر پہنچ گئی ہے۔ماں کے پیٹ میں معصوم بچیوں کا قتل کوئی گناہ نہیں سمجھا جاتا حتی کہ وضع حمل کے بعد بھی زندہ بچیوں کو کوڑے دان میں پھیک دیا جاتا ہے کوئی مردہ لاش کو بھی اس طرح نہیں پھینکتا، اس وقت سو میں چند عورت ہی برتھ کنٹرول سے بچ پاتی ہوں گی۔ اسپتالوں میں بچہ جنم دینے والی بہت سی خواتین رحم مادر کٹوا کر نکال دیتی ہیں، ہندوستانی حکومت نے اس کی فری سروس گاؤں گاؤں تک مہیا کر دی ہے۔خاندانی منصوبہ بندی کی ایک طرف ایسی تباہی تو دوسری طرف یہی ماہرین رحم مادر کو دوبارہ جوڑنے کا کام کر رہی ہے۔خاندانی منصوبہ بندی کے خوشنما نعرے اور عملی اقدام نے کتنے معصوم بچوں کی جان لی، کتنی جانوں کو دنیا میں آنے سے روکا اور کتنی خواتین کو اس مہلک راستے سے گزرنے میں اپنی جان گنوانی پڑی ۔دراصل برتھ کنٹرول نے بے اولادی اور بانجھ پن میں اضافہ کیا، حمل و تولید روکنے کے غیر فطری طریقے اپنانے سے رحم مادر (یوٹرس) میں خرابیاں پیدا ہوئیں اور عورتوں میں بانجھ پن کی وبا عام ہوئی۔ضبط ولادت کا نعرہ لگانے والے لوگ ہی اصل مجرم ہیں جو پہلے بانجھ پن کا مرض پھیلاتے ہیں پھر اس کا علاج کرتے ہیں۔ مراکز صحت میں ایسا گھناؤنا کھیل بہت ہوتا ہے، مال وزر کی ہوس میں صحت مندوں کو بیمار قرار دے کر اس کا مہنگے سے مہنگا علاج کیا جاتا ہے، جسے آپریشن کی نوبت نہیں اسے آپریشن کیا جاتا ہے، حد تو یہ

ہے محض پیسے کے لالچ میں مریض کی وفات ہونے کے باوجود اس کا علاج کیا جاتا ہے۔

میاں بیوی میں توالد کی کمزوری کا جائز حدود میں رہ کر علاج کرنا کوئی غلط نہیں ہے مگر قدرت کے فطری نظام کے ساتھ کھلواڑ کرنا حیوانیت اور درندگی ہے خواہ ضبط نسل کے تحت ایسی حیوانیت سوز حرکت کی جائے یا افزائش نسل کے نام پر۔ اسلام میں مجبوری کی بنیاد پر عارضی منصوبہ بندی کرنا جائز ہے اور اگر ضرورت کے تحت یوٹرس کاٹنا پڑے تو اس کی بھی گنجائش ہے مگر محض شوق میں یا کم بچے کی چاہ میں یا اچھی پرورش اور بہتر تعلیم کے نام پر برتھ کنٹرول کرنا حرام ہے۔

افزائش نسل کے جدید طریقے اور ان کا شرعی حکم:

جدید سائنسی ترقیات میں تولید کے جدید سے جدید طریقے ایجاد ہوئے اور ہو رہے ہیں، مستقبل میں یہ قدم کہاں تک پہنچے تک کچھ کہنا مشکل ہے۔ ابھی تک مصنوعی تخم ریزی(Artificial Insemination) ، نلکی بارآوری(Test Tube Fertilization)، سروگیسی (Surrogate Mother) اور کلوننگ (Cloning) وغیرہ مختلف اقسام پائے جاتے ہیں، کئی سالوں سے یوٹرس ٹرانسپلانٹ پہ تجربہ جاری تھا، اس میدان میں اکادکا کامیابی ملنے پر اب یہ بھی تولید کا ایک طریقہ مانا جارہا ہے۔

مصنوعی تخم ریزی کا طریقہ: مرد سے جلق وغیرہ سے انزال کرا کے کثیر مقدار میں حاصل شدہ مادہ تولید بذریعہ انجکشن عورت کے پیٹ کے زیریں حصہ (Pelvic Cavity) میں پہنچادیا جاتا ہے جہاں سے قاذفین نامی نالی میں پہنچ کر پہلے سے موجود بیضہ انثی بارآور بنادیتا ہے پھر نیچے رحم میں اتر کر تخلیق کے مراحل مکمل کرتا ہے۔ اس طریقہ تولید میں جائز پہلو یہ ہے کہ صرف شوہر کا نطفہ لیکر بیوی کے رحم میں ڈال سکتے ہیں۔

ٹسٹ ٹیوب بے بی یا نلکی باآوری کا طریقہ : یہ طریقہ تخم ریزی سے مختلف ہے ، اس میں مرد و عورت کا نطفہ حاصل کر کے ایک شیشے میں رکھ کر اختلاط کرایا جاتا ہے ، جب وہاں مادہ بارآور ہو جاتا ہے تو اسے مزید کچھ نمو کے مراحل طے کرا کر یوٹیرس میں ڈال دیا جاتا ہے جہاں سے ارتقائی مراحل طے کر کے تولد ہوتا ہے ، یہاں قاذفین کی نالی کی ضرورت نہیں رہ جاتی ہے۔ اگر میاں بیوی کا نطفہ لیکر ، اسے بارآور کر کے بیوی کے رحم میں ڈالا جائے تو یہ صورت جائز ہے۔

مصنوعی تخم ریزی اور ٹسٹ ٹیوب کے غیر شرعی طریقے: مصنوعی تخم زیری اور نلکی بارآوری میں جو جائز طریقے ہیں انہیں بیان کر دیا گیا ہے ، ان کے علاوہ بہت سارے ناجائز طریقے ہیں ، ان طریقوں سے بچہ پیدا کرنا کسی مسلمان کے لئے جائز نہیں ہے۔

(۱) شوہر کی منی اور دوسری عورت کا بیضہ لیکر بیوی کے رحم میں ڈالا جائے۔ (۲) دوسرے مرد کی منی اور بیوی کا بیضہ لیکر بیوی کے رحم میں ڈالا جائے۔

(۳) شوہر کی منی اور بیوی کا بیضہ لیکر دوسری عورت کے رحم میں ڈالا جائے۔ (۴) اجنبی مرد کی منی اور اجنبی عورت کا بیضہ لیکر بیوی کے رحم میں ڈالا جائے۔ (۵) شوہر کی منی اور پہلی بیوی کا بیضہ لیکر دوسری بیوی کے رحم میں ڈالا جائے۔

سروگیٹ مدرہوڈ کا طریقہ : میاں بیوی کا نطفہ حاصل کر کے اسے مصنوعی طریقہ سے باآور کر کے کسی دوسری عورت کے رحم میں رکھا جاتا ہے گویا ایک عورت کی کوکھ کرایہ پر ہوتی ہے جبکہ اس کوکھ میں نطفہ میاں بیوی کا ہوتا ہے۔ یہ سراسر حرام ہے۔

بعض علماء نے سروگیسی میں جواز کا ایک پہلو نکالا ہے کہ ایک شخص کو دو بیویاں ہوں تو ایک بیوی اور شوہر کا نطفہ دوسری بیوی کے رحم میں اس کی اجازت سے رکھا جاسکتا ہے مثلاً بانجھ بیوی کا بیضہ اور شوہر کا نطفہ لیکر اولاد جننے والی بیوی کے رحم میں رکھا جائے یا

اولاد جننے والی بیوی کا بیضہ اور شوہر کا نطفہ لیکر بانجھ بیوی کے رحم میں رکھا جائے۔ حقیقت میں جواز کا فتوی غلط ہے اور کسی کے لئے ایک بیوی کا بیضہ دوسری بیوی کے رحم میں رکھنا جائز نہیں ہے۔اس مسئلہ پہ رابطہ عالم اسلامی کی اسلامک فقہ اکیڈمی کا سیمینا رہو چکا ہے جس کا خلاصہ الاسلام سوال وجواب کے فتوی نمبر ۲۳۱۰۴ میں مذکور ہے۔

انسانی کلوننگ کا طریقہ : انسانی کلوننگ کا معنی کسی انسان کی ہوبہو نقل اتارنا ہے۔اس کا طریقہ یہ ہے کہ دوالگ الگ جاندار جسموں سے غیر جنسی خلئے حاصل کر کے ان کا اختلاط کرایا جاتا ہے، ایک خلیہ کا مرکزہ نکال کر دوسرے خلیہ کے مرکزہ میں رکھ دیا جاتا ہے پھر بارآور خلئے کو کچھ دنوں بعد لئے گئے خلئے والے جسم میں یا کسی تیسرے جسم میں تخلیق کے باقی مراحل طے کرنے کے لئے رکھ دیا جاتا ہے۔ دوالگ الگ جسموں سے غیر جنسی خلئے کا حصول کبھی نر و مادہ سے ہوتا ہے تو کبھی دوالگ الگ مادہ سے تو کبھی ایک ہی مادہ کے دو مختلف خلئے سے۔

انسانی کلوننگ میں جائز شکل صرف یہ ہے کہ میاں بیوی کے خلئے بیوی کے ہی جسم میں رکھ کر کلوننگ کیا جائے، باقی مندرجہ ذیل طریقے غیر شرعی اور ناجائز ہیں۔

(۱) میاں بیوی کے علاوہ دوالگ جسموں کے خلئے سے انسانی کلوننگ کرنا۔ (۲) دوالگ الگ عورت کے خلئے سے انسانی کلوننگ کرنا۔(۳) ایک ہی عورت کے دو مختلف خلئے سے کلوننک کرنا۔(۴) میاں بیوی کے خلئے کو تیسرے جسم سے تولید کرانا۔

رحم مادر کی پیوند کاری کا طریقہ:

اوپر اس کا طریقہ بتلادیا گیا ہے کہ ایک عورت میں دوسری عورت کی بچہ دانی نصب کی جاتی ہے پھر اس مرد وعورت کے نطفہ کا حصول کر کے لیباٹری میں بارآور کیا جاتا ہے پھر اسے رحم میں ڈالا جاتا ہے۔اس طریقہ تولید میں متعدد شرعی خامیاں ہیں۔

رحم مادر کی پیوند کاری میں شرعی خامیاں:

پہلی خامی:

اس میں پہلی خامی مرد و عورت کا بے پردہ ہونا ہے۔ڈونر، شوہر اور بیوی تین افراد نہ جانے کتنے ڈاکٹروں کے پاس بار بار اپنا ستر ظاہر کرتے ہیں، تاہم مجبوری میں آدمی اپنا ستر دوسرے کے سامنے کھول سکتا ہے۔

دوسری خامی:

اسلام نے انسان کو محترم بنایا ہے، حفظان صحت کے سنہرے اصول بتلائے تاکہ انسانی جسم کو ہلاکت سے بچائے جائے۔ حفظان صحت کی رو سے کسی کے لئے اپنے جسم کو تکلیف دینا، کوئی عضو کاٹ کر الگ کرنا جائز نہیں سوائے اضطراری حالت کے۔ رحم مادر کاٹ کر جسم سے الگ کرنا ماسوا ضرورت کے جہاں فطرت سے بغاوت اور مثلہ کے حکم میں ہے وہیں حفظان صحت کے خلاف بھی ہے کیونکہ اس کے بڑے مفاسد ہیں۔

رحم مادر کاٹ کر جسم سے الگ کرنے کے نقصانات میں وزن میں کمی یا زیادتی ہونا ،شرمگاہ میں سکڑپن پیدا ہونا، پیشاب میں انفیکشن، آنتوں کا سکڑنا، خون کا جمنا، ہڈیوں کا بھربھرا ہونا، بیضہ دانیوں میں رسولی پیدا ہونا وغیرہ ہے۔ اگر رحم مادر کے ساتھ اوریز بھی ہٹادی جائیں تو اکثر خواتین ذہنی تناؤ، جذباتی عدم توازن، تنہائی پن اور احساس کمتری کا شکار ہو جاتی ہیں، ساتھ ہی ایسٹروجن لیول کم ہو جانے سے دل کے امراض پیدا ہونے کا خطرہ بڑھ جاتا ہے۔ ایک طرف رحم مادر کٹوانے والی کے لئے بہت سارے جسمانی نقصانات ہیں تو دوسری طرف پیوند کاری کے بھی بھیانک نتائج مرتب ہوتے ہیں جیسا کہ اس سے پہلے پیوند کاری کی ہلاکت خیزیاں واضح کی گئی ہیں۔ اسلام اس قسم کے نقصان دہ کاموں کی اجازت نہیں دیتا۔

تیسری خامی:

مرد سے غیر فطری طریقے سے انزال کرایا جاتا ہے اور بذریعہ آپریشن عورت کی بیضہ دانی سے بیضہ حاصل کیا جاتا ہے۔ اللہ تعالی نے ہمیں تولید کا فطری طریقہ دیا ہے اس طریقہ کو بروئے کار لاتے ہوئے ہم فطری طریقہ پر عورت کی شرم گاہ میں انزال کرتے ہیں جبکہ یوٹرس ٹرانسپلانٹ کے لئے عموما جلق کے ذریعہ کثیر مقدار میں مرد کی منی حاصل کی جاتی ہے جس سے کئی نطفے بنا کر منجمد کردئے جاتے ہیں۔ اضطراری حالت میں یہ صورت بھی جائز ہوگی۔

چوتھی خامی:

رحم مادر کی پیوندکاری میں عطیہ دینے والی ایک عورت کی ضرورت ہوتی ہے جو اپنا یوٹرس عطیہ کرسکے۔ خون کا عطیہ کرنے میں کوئی حرج نہیں ہے کیونکہ یہ پھر میں بدن میں تیار ہو جاتا ہے مگر ایسے عضو کا عطیہ کرنا جو خود اپنے جسم کی ضرورت اور مصلحت ہے (بغیر ضرورت و مصلحت کے اللہ نے جسم میں کوئی چیز نہیں رکھی ہے) دوسرے کو عطیہ کرنا جائز نہیں ہے اس حال میں کہ اس کے نکالنے سے بڑے نقصانات کا خطرہ ہو بلکہ اکثر علماء نے جسم کا کوئی بھی عضو عطیہ کرنا جائز نہیں قرار دیا ہے، نہ زندگی میں اور نہ ہی موت کے بعد کیونکہ خون عطیہ کرنے سے جسم میں اس کی بھرپائی ہو جاتی ہے جبکہ کسی بھی عضو کو نکالنے سے اس کی تلافی نہیں ہوسکتی اور اس وجہ سے بھی کہ یہ مسئلہ کے زمرے میں ہے جبکہ کسی عضو کا فروخت کرنا تو متفقہ طور پر حرام ہے۔ کینسر یا دیگرا مراض لاحق ہونے کی وجہ سے نکالے گئے یوٹرس پیوندکاری میں مفید نہیں ہے، لازما اس کے لئے ضرورت ہے کہ صحت مند یوٹرس حاصل کیا جائے اس کے لئے ڈونر کا آپریشن بھی لازم ہے، ایسا بھی ممکن ہے کہ چائلڈ آپریشن کے وقت یوٹرس حاصل کیا جائے۔ ان

ساری صورتوں میں یوٹرس کاٹنا بغیر ضرورت کے ہے جو کہ جائز نہیں ہو گا۔ جس کو یوٹرس چاہئے اس کی زندگی کو کوئی خطرہ نہیں ہے محض حصول اولاد کی خواہش کے لئے عضوبندی ہوتی ہے اور محض اس غرض کی وجہ سے کسی زندہ انسان کا عضو کاٹنا اور دوسرے میں نصب کرنا جائز نہیں ہو گا۔

پانچویں خامی:

ایک مسلمان کا ایمان ہو کہ اولاد دینے والا اللہ ہے، اگر شادی کے بعد کچھ سال اولاد نہ ہو تو مایوس نہیں ہونا چاہئے، نہ اللہ پر توکل کم کرے۔ اولاد نہ ہونے کے نتیجہ میں مزاروں پہ جانا، غیر اللہ سے اولاد مانگنا، تعویذ وشرکیہ افعال کرنا یا فطری نظام میں مداخلت کرتے ہوئے دوسری عورت کا رحم پیوند کرنا سب توکل کے خلاف ہیں، ہاں حصول اولاد کے لئے جائز اسباب اپنانا توکل کے منافی نہیں ہے۔

ہمیں صبر سے کام لینا چاہئے، اولاد کے حصول کے لئے اللہ سے دعائیں کرنی چاہئے، علاج کی ضرورت ہو تو مباح طریقے سے علاج کرنا چاہئے اور اللہ کے فیصلے پر راضی ہو کر اس کی طرف سے اولاد کا انتظار کرنا چاہئے۔ اس نے ہمارے نصیب میں اولاد لکھ رکھی ہے تو ایک نہ ایک دن ضرور اولاد ہو گی، لہذا حصول اولاد کے اپنا ایمان ضائع نہ کریں۔ یاد رکھیں زندگی کا اصل مقصد بچہ پیدا کرنا نہیں ہے آخرت کی تیاری کرنی ہے۔

چھٹی خامی:

اللہ تعالی نے عورت کی شرمگاہ کو نکاح کے ذریعہ مرد کے لئے حلال کیا ہے۔ رحم مادر شرمگاہ کا حصہ ہے جہاں ایک شوہر کو ہی مجامعت کے ذریعہ انزال کرنے کا حق ہے۔ دوسری عورت کی بچہ دانی میں کسی غیر مرد کا نطفہ داخل کرنا صریح زنا تو نہیں ہے مگر شبہ زنا ضرور کہلائے گا۔ جس طرح سروگیٹ مدر ہوڈنا جائز ہے اسی کی یہ دوسری شکل ہے کہ

سروگیسی میں بھی میاں بیوی کا نطفہ دوسری عورت کے رحم مادر میں ہوتا ہے اور یوٹرس ٹرانسپلانٹ میں بھی میاں بیوی کا نطفہ دوسری عورت کے رحم میں ہے۔ کوئی یہ کہہ سکتا ہے کہ رحم مادر کی پیوندکاری کرنے سے اب یہ اس عورت کا عضو ہو گیا کوئی بعید نہیں کل یہی سائنس داں پیدائشی طور پر فرج (عورت کی شرمگاہ) نہ رکھنے والے میں کسی عورت کی شرمگاہ سیٹ کر دے کیا اس میں وطی کرنا حلال ہو گا؟

ساتویں خامی:

آج کل اسپتالوں میں بلڈ بنک کی طرح منی بنک (Semen Bank) قائم ہے جہاں ہزاروں لوگوں کے نطفے منجمد کر کے رکھے ہوئے ہوتے ہیں بلکہ خون کی طرح منی عطیہ کی جاتی ہے، ایک شخص سے وافر مقدار میں منی لیکر کئی کئی نطفہ منجمد کر کے رکھے جاتے ہیں اور پھر ان سارے نطفوں سے کالا بازاری کی جاتی ہے۔ چاہے جو نطفہ جس مریض میں فٹ ہو جائے استعمال کر لیا جاتا ہے مقصد کام چلانا اور پیسہ کمانا ہوتا ہے حتی کتنے لوگ مر چکے ہوتے ہیں اور ان کا نطفہ لیباٹری میں موجود ہوتا ہے، ظاہر سی بات ہے یہ نطفے کسی نہ کسی پر استعمال کئے جائیں گے، اس میں سے مسلم خاتون بھی ہو سکتی ہے اس لئے ہمیں اس چالبازی سے باخبر رہنا ہے۔ چالبازی کے علاوہ نطفوں میں اختلاط کا بہت احتمال ہوتا ہے کیونکہ لیباٹری ٹسٹ کے لئے منی بہت پہلے لے لی جاتی ہے اور ایک مدت کے بعد نطفہ تیار کر کے اسے منجمد کر کے، نمو کے کچھ مراحل طے کرا کر پھر رحم مادر میں نصب کیا جاتا ہے۔ رحم مادر میں دیر سے مادہ رکھنے پر علماء نے اس تقلیح سے منع کیا ہے کیونکہ اس میں غلطی کا احتمال پایا جاتا ہے۔ منی بنک، حرام بنکنگ ہے۔ ایک شخص کا خون دوسرے کسی بھی انسان میں لگا سکتے ہیں مگر منی کا معاملہ بالکل برعکس ہے، میاں بیوی کے نطفہ کو بارآور کرا کر صرف بیوی کے رحم میں نصب کیا جائے گا۔ اب آپ غور کریں کہ

مادہ پرستی کے طور میں شہرت، لالچ اور روپیہ کے لئے منی بنک والے کیا کچھ نہیں کرسکتے ہیں ؟

آٹھویں خامی:

اس پیوند کاری میں اسراف پایا جاتا ہے بغیر کسی بڑے مرض یا جانی خطرہ کے، اس سے بہت کم پیسوں میں کسی کا بچہ گود لیکر پوس پال کر جوان کیا جاسکتا ہے اور کتنے یتیم بچوں کی پروش کی جاسکتی ہے جس پہ نبی ﷺ کی رفاقت کا وعدہ ہے۔

نویں خامی:

اس کا دروازہ کھولنے سے حرامکاری کے بے شمار دروازے کھلیں گے مثلاً عورتوں کی عزت کی پامالی، فطرت کے ساتھ چھیڑ خوانی، حرامی اولاد کی افزائش، غیر فطری انزال، عمل جراحی سے زنانہ جراثیم کا حصول، نطفوں میں اختلاط، کسب حرام کی افراتفری، اعضائے انسانی کا کاروبار، رحم مادر کی شوقیہ پیوند کاری وغیرہ

دسویں خامی:

یہ طریقہ لوگوں کو قلاش بنانے ، باطل طریقے سے مال کھانے اور لوگوں کی معیشت تباہ کرنے کا بہت بڑا ہتھیار ہے بلکہ انسانی اعضاء کی اسموگلنگ کا ذریعہ ہے۔ منی بنک سے کمائی، ٹسٹ ولیباٹری کے نام پر لاکھوں کے چارج، آپریشن کا منہ مانگا دام اور انسانی اعضاء کی ہتک اور گھناؤنا کاروبار جیسے کسب حرام کے بہت سارے حیلے اور ناجائز امور ہیں۔ صرف ایک کیس کا پیسہ ایک یتیم خانے کا مہینوں کا خرچہ ہے۔

بانجھ پن کیا ہے؟

انسان کا خالق اللہ تعالیٰ ہے، اس نے اپنی حکمت کے ساتھ انسانوں کو اچھے ڈھانچے میں ضرورت کی تمام چیزیں دے کر پیدا فرمایا ہے۔ قدرت نے مرد و عورت کے ملاپ

سے افزائش نسل کا سلسلہ جاری کیا ہے۔ خالق نے مرد وعورت کا ملاپ صرف نکاح کے ساتھ حلال کیا ہے، بغیر نکاح کے ملاپ کرنا اور اس سے بچہ پیدا کرنا حرام ہے ایسی اولاد، اولاد الزنا ہیں۔ کبھی میاں بیوی کے درمیان جنسی تعلقات قائم ہونے کے باوجود اولاد نہیں ہوتی یہ بانجھ پن کہلاتا ہے۔ افزائش نسل کی طرح بانجھ پن بھی اللہ کی طرف سے ہے۔ سورہ شوری کی مکمل دو آتیں پڑھیں، اولاد اور بانجھ پن پہ حکم ربانی واشگاف ہوجائے گا۔ فرمان الہی ہے:

لِلّٰهِ مُلْكُ السَّمَاوَاتِ وَالْأَرْضِ ۚ يَخْلُقُ مَا يَشَاءُ ۚ يَهَبُ لِمَنْ يَشَاءُ إِنَاثًا وَيَهَبُ لِمَنْ يَشَاءُ الذُّكُورَ (۴۹) أَوْ يُزَوِّجُهُمْ ذُكْرَانًا وَإِنَاثًا ۖ وَيَجْعَلُ مَنْ يَشَاءُ عَقِيمًا ۚ إِنَّهُ عَلِيمٌ قَدِيرٌ (۵۰)(الشوری)

ترجمہ: آسمانوں کی اور زمین کی سلطنت اللہ تعالیٰ ہی کے لئے ہے، وہ جو چاہتا ہے پیدا کرتا ہے جس کو چاہتا ہے بیٹیاں دیتا ہے جسے چاہتا ہے بیٹے دیتا ہے یا انہیں جمع کر دیتا ہے بیٹے بھی اور بیٹیاں بھی اور جسے چاہے بانجھ کر دیتا ہے وہ بڑے علم والا اور کامل قدرت والا ہے۔

اللہ نے یہاں اپنی قدرت کا بھی ذکر کیا ہے کہ وہ اپنی قدرت کاملہ سے سب کو اولاد دے سکتا ہے مگر کبھی کسی کو اپنی حکمت کے تحت بانجھ بنادیتا ہے۔

ہمیں معلوم یہ ہوا کہ بانجھ پن اللہ کی طرف سے ایک آزمائش ہے، اس آزمائش پہ مومن کو صبر سے کام لینا چاہئے۔ بانجھ پن مرض بھی ہے، یہ مرض کبھی پیدائشی ہوسکتی تو کبھی اپنے ہاتھوں کی کمائی بھی۔ آج کل زنا عام ہے، شرمگاہوں کی حفاظت نہیں ہے، جب ایک لڑکی زنا کرتی پھرے گی تو پھر اس کے بطن سے جائز اولاد کیسے پیدا ہو گی؟ اس حرام کاری پہ اللہ کی مار پڑتی ہے۔ اسی طرح یہ گناہ بھی عام ہے کہ شادی کر کے بچے نہیں پیدا

کرتے، طرح طرح کی مضر ادویہ استعمال کرکے نسل انسانی کو روکتے ہیں پھر سالوں بعد بچے کی خواہش ہوتی ہے کیا ایسی صورت میں قدرت کی مار نہیں پڑے گی؟ وہ تو اور بھی اللہ کے غضب کے شکار ہوں گی جو لڑکیوں کا اسقاط کراتی ہیں یا بلاضرورت برتھ کنٹرول کراتی ہے۔

پیدائشی طور پر آدمی کو مردانہ کمزوری لاحق ہو یا خاتون جنسی مسائل کا شکار ہو تو جائز طریقے سے علاج کرانے میں کوئی حرج نہیں ہے۔ گویا بانجھ پن کبھی اللہ کی طرف سے آزمائش ہو سکتی ہے اس پہ ایک مومن سے صبر جمیل مطلوب ہے اور کبھی پیدائشی مرض ہو سکتا ہے اس کے لئے جائز طریقے سے علاج کرانے میں حرج نہیں اور کبھی یہ قدرت کی مار ہو سکتی ہے اس کے لئے سچے دل سے توبہ کرنا چاہئے اور جائز اسباب اپنا کر حصول اولاد کے لئے اپنے رب سے سچے دل سے دعا کرنی چاہئے۔

جسے اولاد نہ ہو رہی ہو وہ کیا کرے؟

اللہ نے اپنے تمام بندوں کے ساتھ انصاف کیا ہے، اس کے ساتھ بھی انصاف کیا جس کو اولاد دی اور اس کے ساتھ بھی انصاف ہی ہے جسے اولاد نہیں دی اس لئے اولاد نہ ہونے سے ایمان و توکل اور اعمال صالحہ متاثر نہ ہوں۔ ہر حال میں اللہ کی تعریف بجا لائیں، اللہ نے مومنوں کو نماز اور صبر کے ذریعہ مدد مانگنے کی تعلیم دی ہے۔ یقین جانیں جب اللہ کوئی نعمت چھین لیتا ہے اور مومن اس پر صبر سے کام لیتا ہے تو اپنے رب کی طرف سے بڑے اجر کا مستحق ہوتا ہے۔ ہم کثرت سے اللہ کی عبادت کریں اور نیک اولاد کے لئے اس سے عاجزی کے ساتھ گریہ وزاری کرتے ہوئے دعا کریں۔ مرد کو دوسری شادی کی طاقت ہو تو اولاد نہ ہونے پر دوسری شادی کر لینی چاہئے۔ دوسری شادی کرنا مشکل ہو تو اپنے نسبی یا رضاعی یا سسرالی رشتہ داروں میں جس کے پاس زیادہ اولاد ہو ان

سے ایک بچہ مانگ کر لے پالک بنا لیں، ایک طرف آپ کو اپنے رشتہ دار کی اولاد گود لینے سے خوشی ہو گی تو دوسری طرف اولاد کی آرزو بھی پوری ہو گی۔ اپنے دلوں کو اولاد کا سکون دلانے کے لئے اپنے سماج میں موجود یتیموں، بیواؤں اور مسکینوں کے بچوں کی حسب استطاعت کفالت کریں، اس پہ اللہ کی طرف سے بڑا اجر ملے گا۔ ساتھ ہی ساتھ اللہ کی لکھی تقدیر پر راضی اور خوش ہو کر ان لوگوں میں غور و فکر کریں جنہیں اللہ نے آپ سے زیادہ آزمائش میں مبتلا کیا ہے حتی کہ اللہ نے بہتوں کو اولاد دے کر بڑی بڑی آزمائشوں میں مبتلا کیا ہے۔

آخری پیغام اور مسلم اطباء کو نصیحت:

آپ اللہ پر اور اس کے رسول پر ایمان لاتے ہیں تو ان کے احکام پر بھی چلنا پڑے گا، طب کا پیشہ محض دنیا پرستی کے لئے ہرگز نہیں اپنائیں۔ اس علم کے ذریعہ جہاں قوم و ملت کی خدمت کریں وہیں علاج و معالجہ کے باب میں اہل علم سے حلال و حرام کی پہلے جانکاری حاصل کریں پھر مباح طریقے سے مریضوں کا علاج کریں۔ یقینا بہت سارے حالات آپ کے پاس ایسے آتے ہوں گے جہاں ایک حرام کام کرنے سے لاکھوں روپئے مل جائیں گے مگر ایسی حرام کمائی سے پرہیز کریں۔ اللہ کے سامنے پیشگی ہو گی اور اپنے کئے کا مکمل حساب دینا ہو گا۔ جان لیں یہ دنیا اور اس کی لذت و شہوت فانی اور لمحہ بھر کی ہے جبکہ اس کا انجام بھیانک اور دیرپا ہے۔

دوسری بات یہ ہے کہ بانجھ پن آج کا بڑا چیلنج نہیں ہے بلکہ چیلنج یہ ہے کہ جن وجوہات پر خواتین میں بانجھ پن پھیل رہا ہے یا پھیلایا جا رہا ہے ان کا سد باب کیا جائے۔ سڑکوں، اسپتالوں، اسٹیشنوں اور کوڑے دانوں میں زندہ بچے پھینکے جاتے ہیں، سیکڑوں کی تعداد میں چھوٹے چھوٹے معصوم بچے مزدوری کرنے پر مجبور ہیں، ہزاروں کی تعداد میں

یتیم خانوں میں موت وحیات کی کشمکش میں پل رہے ہیں، لاکھوں کی تعداد میں بچیاں طوائف بن رہی ہیں، ان تمام بچوں کا حل تلاش کیا جائے۔

بلاضرورت محض روپئے کے لالچ میں اکثر خاتون کا چائلد آپریشن کردیا جاتا ہے پھر دو سے تین بچوں کے بعد خطرہ بتاکر رحم مادر نکال دیا جاتا ہے اس پہ کنٹرول کیا جائے۔ ضرورت مند بچوں کی کثرت پیدائش پہ ان کی کفالت و پرورش کا انتظام اور محتاج بچیوں کی شادی پہ مکمل امداد حکومتی سطح پہ فراہم کی جائے۔

پیسے کی عدم موجودگی کی وجہ سے جو بچیاں گھروں میں جوان ہورہی، یا زنا کا راستہ اختیار کررہی ہیں یا خودکشی کررہی ہیں ان کی زندگیاں بچائی جائیں۔ یہ ہیں ہمارے سماجی چیلنجز، انہیں نظر انداز کرکے غیر ضروری کاموں پہ توجہ دی جارہی بلکہ فطری نظام کے ساتھ کھلواڑ کیا جارہا ہے اسے بند ہونا چاہیے۔

اللہ تعالی ہمیں تقوی اختیار کرنے کی توفیق دے اوراپنی توفیق سے ایمان و عمل صالح پر ہمیشہ گامزن رکھے اور صراط مستقیم پر خاتمہ فرمائے۔

* * *

سوشل میڈیا کا دجل و فریب

سعیدہ شیخ

انسان کی سرشت میں ہے کہ وہ خوب سے خوب تر کی تلاش میں رہتا ہے۔ اور اکیسویں صدی کی آمد کے ساتھ جہاں ترقی اور انفارمیشن ٹیکنالوجی کے بہت سے دہانے کھل گئے ہیں وہیں ڈیجیٹل انقلاب برپا ہو گیا ہے اور علم اور معلومات کا خزانہ انسان کے ہاتھوں میں آگیا۔ اور ابلاغ عامہ (Mass media)، ماس کمیونیکیشن اس قدر آسان ہو گیا کہ ہر خاص و عام تک اس کی رسائی ممکن ہوگئی ہے۔ اور سوشل میڈیا / ذرائع ابلاغ اسی کے ایک شاخ ہے۔ دراصل اب ہماری دنیا ذرائع ابلاغ کی دنیا بن چکی ہے۔ اسی لئے آج ساری دنیا گلوبل ویلیج ہو چکی ہے۔ روابط، تبادلہ خیال، پیغامات اور اشتہارات جو چند سال پہلے ایک مشکل عمل تھا۔ آج بہت آسان ہو گیا ہے۔ سوشل میڈیا انٹرنیٹ سے جڑا ایک ایسا نیٹ ورک ہے جو افراد اور ساتھ ہی اداروں کو ایک دوسرے سے مربوط ہونے کا موثر ترین ذریعہ بن چکا ہے۔ ٹیکنالوجی آج انسان کے ضرورت بن چکی ہے۔ اس دنیا میں ذرائع ابلاغ کی طاقت اتنی بڑھ گئی ہے کہ کبھی ذرائع ابلاغ زندگی کا حصہ ہوا کرتی تھی۔ مگر آج ایسا محسوس ہوتا ہے کہ زندگی ذرائع ابلاغ کا حصہ بن گئی ہے۔

ذرائع ابلاغ کی پہلی صورت "اخبار" تھا، اور اخبار کا تشخص "خبر" سے متعین ہوتا تھا۔ پھر ریڈیو آیا اور اگر کسی کو پیغام ارسال کرنا ہوتا تو خطوط بھیجا جاتا تھا یا اگر کسی سے

بات چیت کرنی ہوتی تو ٹیلیفون کے ذریعہ سے بات چیت کی جاتی تھی۔ فلموں، ڈاکیمنٹوری اور سپورٹس اس طرح کی بہت ساری چیزیں تفریح کا سامان بنتے چلے گئے۔ ڈیجیٹل انقلاب کے ساتھ ہی انٹرنیٹ کی آمد ہوئی اور اس کا حصول بالکل آسان ہو گیا۔ اب تو یوں لگتا ہے۔ فلمیں، پیغامات، ویڈیو کالنگ، خبریں اور سپورٹس سب کو یکجا کر دیا گیا ہے، بس ایک کلک کیا اور سب حاضر ہیں۔ جیسے کوئی جادو کی چھڑی ہمارے ہاتھ لگ گئی ہے۔ بلاشبہ ہر دور کا ایک چیلنج ہوتا ہے۔ اگر اس کا صحیح استعمال کیا جائے تو ہمارے لئے سود مند ہو گا ورنہ الٹا ہمارے لئے وبال جان بن جائے گا۔ جس طرح چاقو ایک بہترین آلہ ہے اسی سے ڈاکٹر مریض کا آپریشن کر کے مریض کی جان بچا سکتا ہے اور وہی چاقو اگر مجرم کے ہاتھ لگ جائے تو مظلوم کی جان بھی لے سکتا ہے۔ جس طرح اللہ تعالی نے کائنات کی تمام چیزوں کو ہمارے لئے مسخر کیا ہے۔ ٹیکنالوجی بھی اسی کی ایک شکل ہے۔ اور اسے ہم اپنے مفاد کے لئے بروئے کار لائیں۔

جدید ذرائع ابلاغ کی طاقت کا راز سمجھنے کے لئے ہمیں تھوڑی گہرائی اور گیرائی میں جانا ہو گا۔ سطحی طور پر یوں لگے گا انٹرٹینمنٹ کے ساتھ معلومات کا ایک خزانہ ہاتھ لگ گیا ہیں۔ مگر جو طاقتیں، خیالات اور دماغ اس کے پیچھے کار فرما ہیں۔ جو ہم سوچ بھی نہیں سکتے۔ جھوٹ کو سچ، سچ کو جھوٹ یہ تو اب پرانا ہتھکنڈہ ہے جو ایک عام انسان بھی اس مکر کو بخوبی سمجھتا ہے۔ دراصل سوشل میڈیا کے ذریعے ذہنوں کو مسخر کیا جارہا ہے۔ اور شاطر ذہن اس کو ایک ہتھیار (tool) کے طور پر استعمال کر رہے ہیں۔ جس کے ذریعے سیاسی ،سماجی اور معاشی سطح پر اس کے اثرات دلوں پر جمائے جائیں۔ اس پورے پلان پر اگر ہم غور کریں تو پتہ چلتا ہے کہ کس طرح عام لوگوں کو اپنے شکنجہ میں جکڑ کر انہیں مہرہ بنایا جارہا ہے۔ بلاشبہ سوشل میڈیا اتنا آگے جاچکا ہے کہ کسی بھی چیز کو چھپانا مشکل بات ہے تو

ایسے کئی واردات اور واقعات کو غلط ڈائمنشن سے پیش کر کے اسے بریکنگ نیوس یا جھوٹا پروپیگنڈے کے ذریعے پھیلایا جاتا ہے۔ اس طرح نفرتیں اور نفسیاتی جنگ چھیڑ کر میڈیا وار (media war) کرائی جاتی ہے۔ اور اس طرح ذہنوں کو ہائی جیک کیا جارہا ہے۔

آج سوشل میڈیا کا استعمال ہر کوئی کر رہا ہیں، عمر کی کوئی قید نہیں ہیں۔ جس میں facebook, twitter, youtube, snapchat, Instagram, Google, watsapp اور دیگر کئی Apps جو آپ موبائل فون پر آسانی سے download کر سکتے ہیں۔ جس طرح سکہ کے دو رخ ہوتے ہیں۔ اسی طرح سوشل میڈیا کے بھی دو رخ ہیں۔ مثبت پہلو اور دوسرے منفی پہلو۔ مثبت پہلو میں علمی، معلوماتی اور تعلیمی مواد اتنا ہے کہ انسان اس کے ذریعے کئی باتیں سیکھ سکتا ہے اور اپنی شخصیت کی تعمیر بھی کر سکتا ہے۔ مگر ساتھ ہی ساتھ اپنے ذہن کو منتشر ہونے سے بچائیں۔ منفی پہلو یہ کہ اس پلیٹ فارم پر تمام برائیاں عام ہے کوئی پابندی نہیں ہے۔ جس کے تصور سے بھی ہماری روح کانپ جائے۔ اس قدر فحاشی عریانیت، جذباتی ہیجان خیز تصویریں جو آسانی سے ایک کلک میں حاضر ہو جاتی ہے۔ مگر یہ ایک حقیقت ہے کہ سوشل میڈیا اب ہمارے اذہان، قلوب، جذبات اور احساسات، خواہشات، اقدار، روایات، تعلیم، سماج، شخصیت سازی یہاں تک کہ حکومت و ریاست سازی میں بھی داخل ہو چکا ہے۔ آپ چاہیں یا نہ چاہیں، مانیں یا نہ مانیں میڈیا آپ کی زندگی میں داخل ہو چکا ہے۔ آپ کے بچوں کا استاد ہے۔ خود آپ کا رفیق بلکہ رہنما ہے۔ اب ہمیں اسی کے ساتھ آگے بڑھنا ہے۔ ہمیں اس کے مثبت پہلو کو لے کر آگے بڑھنا ہے ورنہ ہم دوسری قوموں سے پیچھے رہ جائیں گیں۔

سب سے پہلے یہ نوٹ کریں کہ اس کے استعمال میں جو ہمارا وقت لگ رہا ہیں۔ وہ کس نوعیت کا ہیں؟ اس لئے کہ انسان نے جو کچھ کرتا ہے وہ اسے اسی وقت کے اندر کرنا

ہے۔ جیسا کہ محاورہ ہیں کہ Time is money تو غور کریں کہ میرا وقت تعمیری کاموں میں صرف ہورہاہیں یا بس وقت کا ضیاع ہیں۔ اور ہر انسان اپنا محاسبہ خود بہتر کر سکتاہیں۔ ایک وقت ہی ہیں جس کی تقسیم انسانوں کے درمیان برابر کی گئی ہیں۔ اگر اس کا صحیح استعمال کیا گیا تو اس میں بچوں سے لیکر ہر عمر کے لوگوں کو نئی معلومات حاصل ہوتی ہیں اور بہت کچھ سیکھنے کا موقع ملتا ہے۔ مثلا اگر کسی کی تجوید صحیح نہیں ہیں تو وہ youtube کے ذریعے اپنی اصلاح کر سکتا ہے۔ اسی طرح دینی سرگرمی کے لئے بھی اسے استعمال کیا جا سکتا ہے۔ دراصل اس کا استعمال ہی اسے اچھا اور برا بناتا ہے۔

"اور اگر ہم چاہتے تو ان آیتوں کی برکت سے اس کا رتبہ بلند کرتے لیکن وہ دنیا کی طرف مائل ہوگیا اور اپنی خواہش کے تابع ہوگیا"...، (قران ۷ : ۱۷۶)

مگر یہ ایک حقیقت ہے کہ کوئی بھی چیز کا حد سے زیادہ رجحان انسانوں کے دوسرے معاملات پر اثر انداز ہوتا ہے۔ تو اس معاملے میں احتیاط برتیں۔ اسی لئے آج ہمارے نوجوان تعلیم کو جزوی اور غیر تعلیمی سرگرمیوں کو کلی طور پر اختیار کرتے ہوئے نہ صرف اپنے لیے بلکہ معاشرے میں بھی بگاڑ کی صورت پیدا کر رہے ہیں، اس طرح کے رجحانات عجیب سی صورتحال سامنے لا رہا ہے۔ جس سے چڑچڑے پن، تنہائی پسندی اور خود غرضی کے جراثیم پیدا ہورہیں ہیں۔ اسی لئے تربیت اور ڈسپلین کا فقدان، غیر ذمے دارانہ رویہ عادات میں شامل ہوتا جارہاہے اور دلچسپ بات یہ ہے کہ ان تمام حماقتی رویوں کو ماڈرن اسلوب کا نام دیا جارہاہے۔ رہی سہی کسر ہمارے اطراف کے خود غرضانہ ماحول نے پوری کردی ہے۔ سوشل میڈیا کا غلط استعمال سے اخلاقی، روحانی اور عملی برائیاں پیدا ہورہی ہے۔ آپ لایعنی اور لا حاصل چیزوں میں اپنا وقت صرف کرتے ہوں۔ اپنے ذہنوں، آنکھوں کو غلط چیزیں دکھاتے ہوں۔ اور فضول وقت برباد کرتے ہوں۔

حضرت ابوہریرہؓ بیان کرتے ہیں کہ آنحضرت ﷺ نے فرمایا کہ کسی شخص کے اسلام کی خوبی یہ ہے کہ وہ لایعنی یعنی لغو اور فضول باتوں کو چھوڑ دے (ترمذی)

دراصل نوجوان نسل کسی بھی قوم کا سرمایہ ہوتے ہیں۔ آج ہمارے نوجوان نسلوں کو اس میں الجھا دیا گیا ہے۔ جس سے وہ اپنے مقصد اور ترجیحات کو بھول کر غفلت کا شکار ہیں۔ اس لئے کہ وہ نئ بھول بھلیوں میں وہ کھوتے جا رہے ہیں۔ سلطان صلاح الدین ایوبی کا سنہری قول ہے "اگر کسی قوم کو بغیر جنگ کے شکست دینی ہو تو، اُس قوم کے جوانوں میں بے حیائی پھیلا دو۔۔!!" اگر ہم اپنی قوم اور ملت کا ایک بہترین خواب دیکھ رہے ہیں تو نوجوان نسلوں کے والدین کو بھی اپنی ذمے داری کا، احساس پیدا کرنا پڑے گا۔ جس طرح نپولین بناپارٹ نے کہا تھا کہ تم مجھے بہترین مائیں دو میں تمہیں بہترین قوم دوں گا۔ آج وقت کی ضرورت ہے کہ ہم ٹیکنالوجی کا بہترین استعمال کر کے اپنے دین اور انسانیت کی خدمت کریں۔ آج سوشل میڈیا کے ذریعے ہم کئی ذہنوں کی بدل سکتے ہیں۔ جس طرح رسول صلی اللہ علیہ وسلم نے اس دور کے وسائل کو بلاغت کے لئے استعمال کیا تھا۔ اللہ تعالی ہمیں اور ہماری نسلوں کی مدد فرما اور امت مسلمہ کو ہر فتنوں سے اس کی حفاظت فرما۔ اور اپنے وقت اور مشاغل کو اللہ رب العزت کے لئے فارغ کر دیں۔ اللہ تعالی بھی ہماری ضرور مدد فرمائے گا۔ حدیث قدسی میں اللہ تعالی فرماتے ہے۔

رسول اللہ صلی اللہ علیہ وسلم نے فرمایا یقینا اللہ تعالی فرماتے ہیں "اے آدم کے بیٹے میری عبادت کے لیے فارغ ہو جا میں تیرے سینے کو غناء سے بھر دوں گا اور تیری ضروریات کو پورا کر دوں گا اور اگر تو نے ایسا نہ کیا تو میں تیرے ہاتھ کو کام میں مشغول کر دوں گا اور تیری ضروریات پوری نہیں کروں گا۔ (ترمذی، ابن ماجہ مسند احمد)

***

نیند - ایک تحقیق
(قرآن، احادیث اور جدید سائنسی تحقیق کی روشنی میں)
محمد اجمل خان

ہر رات ہم بستر پر لیٹتے ہیں۔ آنکھیں بند کرتے اور نیند ہمیں اپنی پُر سکون آغوش میں لے لیتی ہے۔ یہ وہ پیاری اور میٹھی نیند ہے جس میں انسان تقریباً اپنی ایک تہائی زندگی گزار دیتا ہے لیکن کبھی اس پر غور و فکر نہیں کرتا اور کبھی سوچتا بھی نہیں کہ یہ نیند ہے کیا؟

۱ء۱   نیند کیا ہے:

شعور کو عملی طور پر معطل، اعصابی نظام کو نسبتاً غیر فعال اور آنکھوں کو بند کر کے جسم اور ذہن کو آرام پہنچانے کے فطری عمل کو نیند کہتے ہیں۔ نیند کے دوران انسان اپنے ماحول سے بے خبر رہتا ہے۔ رات کو چند گھنٹوں کی نیند انسان کی فطری و بنیادی ضرورت ہے۔ کوئی انسان اس ضرورت سے بے نیاز نہیں ہو سکتا۔

بیہوشی میں بھی انسان اپنے آپ سے اور اپنے ماحول سے بے خبر ہو جاتا ہے۔ لیکن نیند ایک قدرتی عمل ہے اور نیند سے انسان بغیر کسی طبی امداد کے بیدار ہو جاتا ہے یا اسے بیدار کیا جا سکتا ہے۔ جبکہ بیہوشی ایک مرض ہے اور اس میں انسان کو ہوش میں لانے یعنی فعال بنانے کیلئے طبی امداد کی ضرورت پڑتی ہے۔

۲ء۱ نیند اللہ تعالیٰ کی عظیم رحمت اور نعمت ہے:

نیند اللہ تعالیٰ کی عظیم رحمت اور نعمت ہے جو تھکے ماندھے بندوں کو راحت و آرام' سکون و اطمینان اور امن و امان کا ذریعہ ہے۔ انسان کو پر سکون نیند سے ہمکنار کرنے کیلئے اللہ تعالیٰ نے ماحول کو ساز گار بنایا۔ لہذا فرمایا:

وَمِن رَّحْمَتِهِ جَعَلَ لَكُمُ اللَّيْلَ وَالنَّهَارَ لِتَسْكُنُوا فِيهِ وَلِتَبْتَغُوا مِن فَضْلِهِ وَلَعَلَّكُمْ تَشْكُرُونَ ﴿۷۳﴾ سورۃ القصص

"اور اس نے اپنی رحمت سے تمہارے لئے رات اور دن کو بنایا تاکہ تم اس) رات میں (آرام کرو اور (دن میں) اس کا فضل (روزی) تلاش کر سکو اور تاکہ تم شکر گزار بنو"۔ ﴿۷۳﴾ سورۃ القصص

وَهُوَ الَّذِي جَعَلَ لَكُمُ اللَّيْلَ لِبَاسًا وَالنَّوْمَ سُبَاتًا وَجَعَلَ النَّهَارَ نُشُورًا ﴿۴۷﴾ سورۃ الفرقان

"اور وہ وہی ہے جس نے تمہارے لئے رات کو پردہ پوش اور نیند کو راحت اور دن کو اٹھ کھڑے ہونے کا وقت بنایا"۔ ﴿۴۷﴾ سورۃ الفرقان

فَالِقُ الْإِصْبَاحِ وَجَعَلَ اللَّيْلَ سَكَنًا وَالشَّمْسَ وَالْقَمَرَ حُسْبَانًا ۚ ذَٰلِكَ تَقْدِيرُ الْعَزِيزِ الْعَلِيمِ ﴿۹۶﴾ سورۃ الأنعام

"(وہی) صبح (کی روشنی) کو رات کا اندھیرا چاک کر کے نکالنے والا ہے، اور اسی نے رات کو آرام کے لئے بنایا ہے اور سورج اور چاند کو حساب و شمار کے لئے، یہ بہت غالب بڑے علم والے (ربّ) کا مقررہ اندازہ ہے"۔ ﴿۹۶﴾ سورۃ الأنعام

اللَّهُ الَّذِي جَعَلَ لَكُمُ اللَّيْلَ لِتَسْكُنُوا فِيهِ وَالنَّهَارَ مُبْصِرًا ۚ إِنَّ اللَّهَ لَذُو فَضْلٍ عَلَى النَّاسِ وَلَٰكِنَّ أَكْثَرَ النَّاسِ لَا يَشْكُرُونَ ﴿۶۱﴾ سورۃ غافر

"اللہ ہی ہے جس نے تمہارے لیے رات بنائی تاکہ اس میں آرام کرو اور دن کو ہر

چیز دکھانے والا بنایا بے شک اللہ لوگوں پر بڑے فضل والا ہے لیکن اکثر لوگ شکر نہیں کرتے "۔ ﴿۶۱﴾ سورۃ غافر

پر سکون نیند کی بنیادی ضرورت اندھیرا ہے' ماحول کی تمازت اور شور شرابہ کا کم ہونا ہے۔ اللہ سبحانہ و تعالیٰ نے رات بنا کر پر سکون نیند کی ان فطری ضرورتوں کو پورا کر دیا۔ لیکن رات کو بالکل ہی اندھیرا نہیں کیا بلکہ چاندہ بنا کر مدھم روشنی بھی پھیلا دیا تاکہ اس کے بندے رات کو بالکل ہی بے کار یا نہ ہو جائیں۔ پھر رات کو ایک ہی وقت میں دنیا میں بسنے والی تقریباً تمام مخلوقات پر نیند طاری کر کے شور شرابہ بھی ختم کر دیا۔ یوں بنی نوع انسان کو نیند کی عظیم نعمت عطا کیا تاکہ وہ شکر کرے۔

۱ء۳ نیند میں اللہ تعالیٰ کی نشانیاں ہیں:

نیند میں غور و فکر کرنے والوں کیلئے بہت سی نشانیاں ہیں' جیسا کہ اللہ تعالیٰ کا فرمان ہے:

وَمِنْ آيَاتِهِ مَنَامُكُم بِاللَّيْلِ وَالنَّهَارِ وَابْتِغَاؤُكُم مِّن فَضْلِهِ ۚ إِنَّ فِي ذَٰلِكَ لَآيَاتٍ لِّقَوْمٍ يَسْمَعُونَ ﴿۲۳﴾ سورۃ الروم

" اور اُس کی نشانیوں میں سے تمہارا رات اور دن کو سونا اور تمہارا اس کے فضل کو تلاش کرنا ہے یقیناً اِس میں بہت سی نشانیاں ہیں اُن لوگوں کے لیے جو) غور سے) سُنتے ہیں" ﴿۲۳﴾ سورۃ الروم

لَّذِي جَعَلَ لَكُمُ اللَّيْلَ لِتَسْكُنُوا فِيهِ وَالنَّهَارَ مُبْصِرًا ۚ إِنَّ فِي ذَٰلِكَ لَآيَاتٍ لِّقَوْمٍ يَسْمَعُونَ ﴿۶۷﴾ سورۃ یونس

" وہی ہے جس نے تمہارے لئے رات بنائی تاکہ تم اس میں آرام کرو اور دن کو روشن بنایا (تاکہ تم اس میں کام کاج کر سکو)۔ بیشک اس میں ان لوگوں کے لئے نشانیاں

ہیں جو (غور سے) سنتے ہیں" ﴿٦٧﴾ سورۃ یونس

أَلَمْ يَرَوْا أَنَّا جَعَلْنَا اللَّيْلَ لِيَسْكُنُوا فِيهِ وَالنَّهَارَ مُبْصِرًا ۚ إِنَّ فِي ذَٰلِكَ لَآيَاتٍ لِقَوْمٍ يُؤْمِنُونَ ﴿٨٦﴾ سورۃ النمل

"کیا وہ دیکھ نہیں رہے ہیں کہ ہم نے رات کو اس لیے بنایا ہے کہ وہ اس میں آرام حاصل کرلیں اور دن کو ہم نے دکھلانے والا بنایا ہے، یقیناً اس میں ان لوگوں کے لیے نشانیاں ہیں جو ایمان ویقین رکھتے ہیں" ﴿٨٦﴾ سورۃ النمل

وَجَعَلْنَا اللَّيْلَ وَالنَّهَارَ آيَتَيْنِ ۖ فَمَحَوْنَا آيَةَ اللَّيْلِ وَجَعَلْنَا آيَةَ النَّهَارِ مُبْصِرَةً لِتَبْتَغُوا فَضْلًا مِنْ رَبِّكُمْ وَلِتَعْلَمُوا عَدَدَ السِّنِينَ وَالْحِسَابَ ۚ وَكُلَّ شَيْءٍ فَصَّلْنَاهُ تَفْصِيلًا ﴿١٢﴾ سورۃ الاسراء

"ہم نے رات اور دن کو اپنی قدرت کی نشانیاں بنائی ہیں، رات کی نشانی کو تو ہم نے بے نور) تاریک (کر دیا ہے اور دن کی نشانی کو روشن بنایا ہے تاکہ تم اپنے رب کا فضل تلاش کر سکو اور اس لئے بھی کہ برسوں کا شمار اور حساب معلوم کر سکو اور ہر ہر چیز کو ہم نے خوب تفصیل سے بیان فرما دیا ہے" ﴿١٢﴾ سورۃ الاسراء

قرآن کی بہت ساری آیتوں میں نیند کا ذکر کرکے اللہ تعالیٰ نے انسان کو نیند پر غور و فکر کرنے کی دعوت دیتے ہیں۔ نیند پر غور و فکر کرکے انسان کائنات کے بہت سارے راز وں کو جان سکتا ہے 'کائنات کے خالق پر اور موت وحیات اور موت کے بعد کی زندگی یعنی آخرت کے بارے میں ایمان ویقین کامل حاصل کر سکتا ہے' نیز نیند چیونکہ موت کی ہی ایک شکل ہے لہذا انسان روزانہ سونے سے پہلے اپنا محاسبہ اور توبہ کرکے نفس و قلب کی اصلاح کر سکتا ہے۔

۱ء۴ نیند کی اہمیت اور ضرورت:

جس طرح زندگی کی بقا کیلیۓ کھانا پینا اور سانس لینا ضروری ہے' اسی طرح سونا اور آرام کرنا بھی ذہنی و جسمانی صحت اور تندرستی کیلیۓ اہم ہے۔ رات کو چند گھنٹوں کی نیند انسان کی فطری و بنیادی ضرورت ہے۔ کوئی انسان اس ضرورت سے بے نیاز نہیں ہو سکتا۔

جدید سائنسی تحقیق کے مطابق جب انسان گہری نیند سو جاتا ہے، تب دماغ کا ایک کارخانہ دن بھر کے کام کاج کے دوران انسانی صحت کو نقصان پہنچانے والا جو زہریلا فضلہ دماغ میں جمع ہوتا ہے اُسے نکال باہر کرتا ہے اور پوری دماغ کی مرمت کر کے اُسے نئی توانائی فراہم کرتا ہے جس سے دماغ اور جسم از سر نو مضبوط و کارآمد بن جاتا ہے۔

پر سکون نیند انسان کی اچھی صحت' جسمانی و ذہنی قوت' قوتِ حافظہ و تخیل' خوش مزاجی اور حسن کارگردگی کیلیۓ اہم ترین ضرورت ہے۔ اس کے علاوہ نیند ہی انسان کو چاک و چوبند اور ہشاش بشاش رکھتی ہے۔

جبکہ نیند نہیں آنا بڑا عذاب اور بڑی سزا ہے۔ بے سکون نیند یا نیند کی کمی انسانی دماغ پر منفی اثرات مرتب کرتی ہے اور بے شمار جسمانی و دماغی بیماریوں کا موجب جیسے دل' دماغ' معدہ و جگر کی بیماریاں' ڈپریشن' ذہنی تناؤ' چڑچڑاپن' ہائی بلڈ پریشر' فالج' موٹاپا' ذیابیطس وغیرہ۔ نیند کی کمی سے انسان ہر وقت اونگھ یا غنودگی کی حالت میں رہتا ہے' تھکاوٹ محسوس کرتا ہے' جسم و ذہن صحیح طرح کام نہیں کرتا' لہذا روزمرہ کے کام پر صحیح طرح توجہ نہیں دے پاتا۔

نیند کی کمی سے انسان میں قوت برداشت کم ہو جاتی ہے اور طبیت میں جھنجلاہٹ و چڑچڑاہت پیدا ہوتی ہے جس سے انسا جھگڑالوں بن جاتا ہے اور ازداجی و سماجی زندگی میں فساد کا باعث بنتا ہے۔

۵ء۱ نیند اور موت کا رشتہ:

اسلام نیند کو موت کی ایک قسم قرار دیتا ہے۔

پیغمبرِ اسلام ﷺ نے نیند کو موت کا بھائی " النوم أخو الموت " کہا ہے۔ (مشکوۃ شریف۔ جلد پنجم۔ جنت اور اہل جنت کے حالات کا بیان۔ حدیث ۲۱۹(

اور اللہ تعالیٰ فرماتے ہیں:

وَهُوَ الَّذِي يَتَوَفَّاكُم بِاللَّيْلِ.... ﴿٦٠﴾ سورۃ الأنعام

" اور وہی (اللہ) ہے جو تمہیں رات میں گویا کہ ایک طرح کی موت دے دیتا ہے".... ﴿٦٠﴾ سورۃ الأنعام

ایک اور آیت میں فرماتے ہیں:

اللَّـهُ يَتَوَفَّى الْأَنفُسَ حِينَ مَوْتِهَا وَالَّتِي لَمْ تَمُتْ فِي مَنَامِهَا ۖ فَيُمْسِكُ الَّتِي قَضَىٰ عَلَيْهَا الْمَوْتَ وَيُرْسِلُ الْأُخْرَىٰ إِلَىٰ أَجَلٍ مُّسَمًّى ۚ إِنَّ فِي ذَٰلِكَ لَآيَاتٍ لِّقَوْمٍ يَتَفَكَّرُونَ ﴿٤٢﴾ سورۃ الزمر

" اللہ جانوں کو اُن کی موت کے وقت قبض کر لیتا ہے اور اُن (جانوں) کو جنہیں موت نہیں آئی ہے اُن کی نیند کی حالت میں، پھر اُن کو روک لیتا ہے جن پر موت کا حکم صادر ہو چکا ہو اور دوسری (جانوں) کو مقرّرہ وقت تک چھوڑے رکھتا ہے۔ بے شک اس میں اُن لوگوں کے لئے نشانیاں ہیں جو غور و فکر کرتے ہیں" ﴿٤٢﴾ سورۃ الزمر

انسانی زندگی روزانہ دو مراحل سے گزرتی ہے --- ایک بیداری اور دوسرا نیند ہے۔ بیداری کی حالت میں انسان کا اس کے جسم کے ساتھ ایک شعوری رشتہ قائم رہتا ہے جس سے وہ اپنی زندگی کے سارے تقاضے اور ساری حرکات و سکنات، خیالات و تصورات اور احساسات وغیرہ کو کنڑول کرتا ہے جبکہ نیند کی حالت میں یہ شعوری رشتہ

عارضی طور پر معطل ہو جاتا ہے جو کہ عارضی موت ہے اور اس رشتے کا ہمیشہ کیلئے منقطع ہو جانے کا نام وفات یا حقیقی موت ہے' تو اگرچہ زیادہ تر لوگ نیند کے بعد نئی زندگی کی شروعات کرتے ہیں لیکن کچھ لوگ نیند کے دوران مر بھی جاتے ہیں۔ یہی بات مندرجہ بالا آیتوں میں بتایا گیا ہے کہ جنہیں موت دینا ہوتا ہے اللہ ان کی جانوں کو قبض کرنے کے بعد روک لیتا ہے اور باقیوں کی جانوں کو ایک مقررہ وقت کی نیند کے بعد لوٹا دیتا ہے۔ لہذا نیند عارضی موت ہے جبکہ وفات حقیقی موت۔

۱ء۶ نیند عارضی موت ہے:

اسلام کا یہی تصور ہے کہ نیند کے بعد انسان بیدار بھی ہو سکتا ہے اور موت سے ہمکنار بھی ہو سکتا ہے۔ مسلمان اسی تصور کے ساتھ زندگی گزارتا ہے اور نیند کی آغوش میں جاتے وقت نبی کریم ﷺ سکھائی ہوئی دعاؤں کو پڑھ کر اپنے آپ کو اللہ کے حوالے کر دیتا ہے:

اَللّٰھُمَّ بِاسْمِکَ اَمُوتُ وَ اَحْیَا۔۔۔۔بخاری:۶۳۲۴۔

"یا اللہ! میں تیرے نام سے مرتا اور زندہ ہوتا ہوں"

اَللّٰھُمَّ خَلَقْتَ نَفْسِي وَ اَنْتَ تَوَفَّاھَا، لَکَ مَمَاتُھَا وَمَحْیَاھَا، اِنْ اَحْیَیْتَھَا فَاحْفَظْھَا، وَاِنْ اَمَتَّھَا فَاغْفِرْلَھَا، اَللّٰھُمَّ اِنِّي اَسْأَلُکَ الْعَافِیَةَ۔۔۔ مسلم:۲۷۱۲

" اے اللہ، تو نے ہی مجھے بنایا ہے اور تو ہی مجھے وفات دے گا۔ میری موت اور میری زندگی تیرے ہی ہاتھ میں ہے۔ اگر تو مجھے زندہ رکھے تو میری حفاظت کر اور اگر موت دے تو میری مغفرت فرما۔ اے اللہ، میں تجھ سے عافیت کا طلب گار ہوں"۔

اسی طرح نیند سے بیدار ہوتے وقت بھی یہی تصور قائم رکھنے کے ساتھ ساتھ اللہ کا شکر ادا کرنا ہے:

اَلْحَمْدُ لِلّٰہِ الَّذِي أَحْیَانَا بَعْدَ مَا أَمَاتَنَا وَإِلَیْہِ النُّشُورُ

"تمام تعریفیں اللہ کیلئے ہیں اسی نے ہمیں موت دیکر زندہ کیا، اور اسی کی طرف سب کو جمع ہونا ہے"

۷ء۱ نیند اور موت میں اللہ کی نشانیاں اور اہل مغرب کی ہٹ دھرمی:

جس طرح کوئی انسان یہ نہیں جانتا ہے کہ اس کی موت کب اور کہاں آئے گی اسی طرح ہر سونے والا اس سے قطعاً بے خبر ہے کہ وہ جس نیند کی مزے لے رہا ہے وہ اس نیند سے بیدار ہوگا یا ہمیشہ کی نیند سو جائے گا۔ کتنے لوگ ہیں جو سوتے میں مر جاتے ہیں اور ان کو اس کا اندازہ تک نہیں ہوتا کہ ان کی زندگی کی یہ آخری نیند ہے۔ اصل میں انسان زندگی اور موت کے بارے میں قطعاً بے بس اور عاجز ہے۔ یہ صرف اللہ کے ہاتھ میں ہے۔

امریکی شماریاتِ موت (American Death Statistics) کے مطابق آٹھ میں ایک (۱ in ۸) یعنی ۱۲ء۵٪ امریکیوں کی موت نیند کے دوران واقع ہوتی ہے۔ جبکہ اونگھ یا غنودگی کی وجہ کر ڈرائیونگ کے دوران اور دیگر حادثات میں جو ہلاکتیں ہوتی ہیں اس کی تعداد اس سے کہیں زیادہ ہے۔

نیند کے دوران موت واقع ہونا عام ہے جس کے بارے میں اللہ کا واضح فرمان ہے:

اللّٰہُ یَتَوَفَّی الْأَنفُسَ حِینَ مَوْتِهَا وَالَّتِي لَمْ تَمُتْ فِي مَنَامِهَا ۖ فَيُمْسِكُ الَّتِي قَضَىٰ عَلَيْهَا الْمَوْتَ وَيُرْسِلُ الْأُخْرَىٰ إِلَىٰ أَجَلٍ مُّسَمًّى ۚ إِنَّ فِي ذَٰلِكَ لَآيَاتٍ لِّقَوْمٍ يَتَفَكَّرُونَ ﴿۴۲﴾ سورۃ الزمر

"اللہ ہی ہے جو روحوں کو موت کے وقت اپنی طرف بلا لیتا ہے اور جو نہیں مرتے ہیں ان کی روحوں کو بھی نیند کے وقت طلب کر لیتا ہے اور پھر جس کی موت کا فیصلہ کر لیتا

ہے اس کی روح کو روک لیتا ہے اور دوسری روحوں کو ایک مقررہ مدّت کے لئے آزاد کر دیتا ہے- اس بات میں صاحبان فکر و نظر کے لئے بہت سی نشانیاں پائی جاتی ہیں "﴿۴۲﴾ سورۃ الزمر

اللہ تعالیٰ اس آیت میں نیند اور موت کو اپنی نشانیاں قرار دیتے ہوئے انسان کو غور و فکر کر کے حق تک پہنچنے کی دعوت دیتے ہیں۔

ہر انسان روزانہ نیند اور موت کا مشاہدہ کرتا ہے' روزانہ ہی مرتا ہے اور روزانہ ہی نئی طاقت و توانائی اور جوش و جذبے کے ساتھ زندہ ہوتا ہے۔ یہ نیند یعنی عارضی موت ہی انسان کی نئی زندگی کی ضامن ہے۔ لہذا انسان کو سمجھ لینا چاہئے کہ جس طرح روزانہ کی اس عارضی موت بعد زندگی ہے' اسی طرح حقیقی موت کے بعد بھی زندگی یقینی ہے۔ جو ذات روزانہ جانوں)روحوں(کو قبض کر کے روزانہ لوٹانے پر یا بعض کو روک لینے پر قادر ہے وہی قیامت کے دن تمام انس و جن کو دوبارہ زندہ کر کے اٹھانے پر بھی قادر ہے۔

اگر مغربی مفکرین' محققین' دانشور اور سائنسدان وغیرہ تعصب کی عینک اتار کر نیند اور موت پر غور کرتے تو قرآن کی حقانیت پر ایمان لے آتے لیکن اس جیسی بے شمار واضح نشانیوں کے باوجود دہریت کے ان پجاریوں کی ہٹ دھرمی یہ ہے کہ اب وہ اس بات پر تحقیق کر رہے ہیں کہ " نیند کا وجود کب سے ہے ؟"

۱ء۸ نیند کا وجود کب سے ہے ؟

دہریت کے ان پجاریوں کا خیال ہے کہ " شروع میں نیند کا کوئی وجود نہیں تھا۔ بندر سے انسان بننے کی ارتقائی عمل کے دوران یا انسان بننے کے بہت بعد انسان کو نیند کی ضرورت پیش آئی "۔ یوں وہ چارلس ڈارون کی ' نظریہ ارتقاء' کو مزید تقویت پہنچا کر انسان کو مزید گمراہ کرنا چاہتے ہیں۔ حالانکہ " نیند کا وجود کب سے ہے " اس کی تحقیق سے

پہلے انہیں "رات دن کی ادل بدل کب سے ہے" اس کی تحقیق کرنی چاہئے کیونکہ نیند کیلئے رات کی تاریکی لازم ہے۔

وَجَعَلْنَا اللَّيْلَ وَالنَّهَارَ آيَتَيْنِ ۖ فَمَحَوْنَا آيَةَ اللَّيْلِ وَجَعَلْنَا آيَةَ النَّهَارِ مُبْصِرَةً لِّتَبْتَغُوا فَضْلًا مِّن رَّبِّكُمْ وَلِتَعْلَمُوا عَدَدَ السِّنِينَ وَالْحِسَابَ ۚ وَكُلَّ شَيْءٍ فَصَّلْنَاهُ تَفْصِيلًا ﴿١٢﴾ سورة الإسراء

"ہم نے رات اور دن کو اپنی قدرت کی نشانیاں بنائی ہیں، رات کی نشانی کو تو ہم نے تاریک کر دیا ہے اور دن کی نشانی کو روشن بنایا ہے تا کہ تم اپنے رب کا فضل تلاش کر سکو اور اس لئے بھی کہ برسوں کا شمار اور حساب معلوم کر سکو اور ہر ہر چیز کو ہم نے خوب تفصیل سے بیان فرما دیا ہے" ﴿١٢﴾ سورة الإسراء

اسلام کا نظریہ یہ ہے کہ اللہ تعالیٰ نے انسان کو بالکل اسی حلیے میں بنایا ہے جس میں وہ آج موجود ہے اور دنیا میں پہلے دن سے ہی انسان کو نیند کی ضرورت پیش آئی۔

لیکن حضرت آدم و حواؑ جب جنت میں تھے تو وہاں نیند کی ضرورت نہیں تھی کیونکہ نیند کی ضرورت دنیا میں ہے۔ جنتی لوگ جنت میں نہیں سوئیں گے جیسا کہ حضرت جابرؓ راوی ہیں کہ پیارے نبی ﷺ نے فرمایا:

"نیند موت کا بھائی ہے، اور اہل جنت، جنت میں نہیں سوئیں گے"۔(راوي: جابر بن عبد الله وعبد الله بن أبي أوفى المحدث: الألباني - المصدر: السلسلة الصحيحة - الصفحة أو الرقم: ١٠٨٧ خلاصة حكم المحدث: صحيح بمجموع طرقه)

١٫٩ نیند کی کیفیات و مراحل اور اقسام

نیند مخلوق کی فطری ضرورت 'کمزوری اور عیب ہے اور ہمارا خالق اس سے پاک ہے۔

عرف عام میں عربی میں لفظ 'نَوم' نیند کیلئے استعمال ہوتا ہے۔ لیکن قرآن مجید میں 'نَوم' کے علاوہ مختلف عربی الفاظ نیند کے مختلف کیفیات و مراحل کو بیان کرنے کیلئے استعمال کئے گئے ہیں۔ آج کی جدید سائنس اپنی تمام تر تحقیقات کے باوجود نیند کے ان مرحلوں سے زیادہ کچھ جاننے سے قاصر ہے۔

قرآن کریم میں " نیند " کی چار (۴) عمومی اور دو (۲) خصوصی) اسپیشل (کیفیات و اقسام بیان کی گئی ہے، جو درج ذیل ہیں:

۱ء۹ء۱　نمبر ۱۔۔۔ اَلسِنَۃُ یا اونگھ:

'اَلسِنَۃُ' کے معنی غفلت یا اونگھ کے ہیں لیکن قرآن میں 'نیند' کی مناسبت سے لیا گیا ہے۔ اردو میں 'سِنَۃُ' کا ترجمہ اونگھ یا نیند کا خُمار ہے۔ 'سِنَۃُ' نیند کی پہلی کیفیت و قسم ہے جس میں پلکوں پر ہلکی سی نیند کا خُمار ظاہر ہوتا ہے یا نیند سے پلکیں جھپکنے لگتی ہیں یا بوجھل ہو جاتی ہیں لیکن انسان اپنے ماحول سے باخبر رہتا ہے۔

مخلوق) انسان) پر 'سِنَۃُ' کسی بھی وقت لاحق ہو سکتی ہے لیکن خالق (اللہ) ہر عیب کی طرح اس عیب سے بھی پاک ہے جیسا کہ آیت الکرسی میں ہے:

اللّٰہُ لَا اِلٰہَ اِلَّا ھُوَ الْحَیُّ الْقَیُّومُ ۚ لَا تَاْخُذُہٗ سِنَۃٌ وَّلَا نَوْمٌ ۚ ..... آیت الکرسی

" اللہ ' اس کے سوا کوئی معبودِ برحق نہیں، ہمیشہ زندہ رہنے والا ہے، (سارے عالم کو اپنی تدبیر سے) قائم رکھنے والا ہے، نہ اس کو اُونگھ آتی ہے اور نہ نیند " ..... آیت الکرسی

آیت الکرسی میں نیند کی پہلی اور آخری مرحلے کا ذکر کر کے یہ بتایا گیا ہے کہ اللہ تعالیٰ ہر طرح کی نیند سے مکمل پاک ہے اور اللہ کیلئے یہی لائق ہے۔

۲ء۹ء۱　نمبر ۲۔۔۔ النُّعَاسَ یا غنودگی:

'النُّعَاسَ' نیند کی دوسری کیفیت اور قسم ہے۔ اس کا اثر 'سِنَۃٌ' سے زیادہ ہے اور اسے آدھی نیند (half-sleep) بھی کہتے ہیں۔ اردو میں ہم اسے غنودگی کہہ سکتے ہیں۔ بعض مفسرین نے 'النُّعَاسَ' کو سونے اور جاگنے کی درمیانی کیفیت سے تعبیر کیا ہے۔ 'النُّعَاسَ' کے دوران انسان آسانی سے بیدار ہو سکتا ہے۔

قرآن میں دو مقام پر 'النُّعَاسَ' کا ذکر ملتا ہے۔

اللہ تعالیٰ نے جنگ بدر سے چند لمحے پہلے اہل ایمان پر 'النُّعَاسَ' یعنی غنودگی طاری کردی۔ جس کے نتیجے میں جب وہ بیدار ہوئے تو تازہ دم' پرسکون اور بے خوف تھے:

إِذْ يُغَشِّيكُمُ النُّعَاسَ أَمَنَةً مِّنْهُ وَيُنَزِّلُ عَلَيْكُم مِّنَ السَّمَاءِ مَاءً لِّيُطَهِّرَكُم بِهِ وَيُذْهِبَ عَنكُمْ رِجْزَ الشَّيْطَانِ وَلِيَرْبِطَ عَلَىٰ قُلُوبِكُمْ وَيُثَبِّتَ بِهِ الْأَقْدَامَ ﴿١١﴾ سورۃ الأنفال

"جب اس نے اپنی طرف سے (تمہیں) راحت و سکون (فراہم کرنے) کے لئے تم پر غنودگی طاری فرمادی اور تم پر آسمان سے پانی اتارا تاکہ اس کے ذریعے تمہیں (ظاہری و باطنی) طہارت عطا فرمادے اور تم سے شیطان (کے باطل وسوسوں) کی نجاست کو دور کردے اور تمہارے دلوں کو (قوتِ یقین) سے مضبوط کردے اور اس سے تمہارے قدم (خوب) جمادے" ﴿١١﴾ سورۃ الأنفال

پھر اسی طرح جب جنگ احد میں صحابہ کرام جیتی ہوئی جنگ ہار کر حزن و ملال سے دوچار ہوئے تو اللہ تعالیٰ نے دوبارہ 'نُّعَاسَ' یعنی غنودگی کے ذریعے انہیں غم سے نجات اور امان دے کر ان کے قلوب کو مضبوط کیا۔

ثُمَّ أَنزَلَ عَلَيْكُم مِّن بَعْدِ الْغَمِّ أَمَنَةً نُّعَاسًا يَغْشَىٰ طَائِفَةً مِّنكُمْ ۖ ....[۳:۱۵۴]

"پھر اس (اللہ) نے رنج و غم کے بعد تم پر (تسکین کے لئے) غنودگی کی صورت میں امان (اطمینان و سکون اور تسلی) اتاری جو تم میں سے ایک جماعت پر چھاگئی"

اور صحیح بخاری میں ہے:

خلیفہ بن خیاط، یزید بن زریع، سعید، قتادہ، حضرت انس رضی اللہ تعالیٰ عنہ، حضرت ابو طلحہ رضی اللہ تعالیٰ عنہ سے روایت کرتے ہیں کہ انہوں نے فرمایا کہ میں بھی ان لوگوں میں شامل تھا جن کو احد کے دن غنودگی (النُّعَاسُ) نے دبا لیا تھا مجھ پر ایسی غنودگی طاری ہوئی کہ کئی مرتبہ میرے ہاتھ سے میری تلوار گر پڑی وہ گرتی تھی اور میں اٹھاتا تھا۔۔(صحیح بخاری۔ جلد دوم۔ غزوات کا بیان۔ حدیث ۱۲۹۲)

آج جدید تحقیق سے یہ ثابت ہو چکی ہے کہ 'النُّعَاسَ' یا غنودگی کا ایک جھونکا ذہنی دباؤ tension / stress اور بلڈ پریشر (BP) کم کر کے انسان کو ہشاش بشاش کر دیتا ہے۔

۱۹۰۳ء　نمبر ۳۔۔اَلنَّوْمُ یا گہری اور بے خبری کی نیند:

یہ نیند کی تیسری کیفیت و قسم ہے اور عرف عام میں عربی کا یہی لفظ نیند کیلئے استعمال ہوتا ہے۔ دنیا و مافیہا سے بے خبر ہو کر گہری نیند سونے کو 'اَلنَّوْمُ' کہتے ہیں۔ قرآن میں 'اَلنَّوْمُ' کی تعریف ذیل کی آیتوں میں کی گئی ہے:

وَجَعَلْنَا نَوْمَكُمْ سُبَاتًا ﴿۹﴾ سورۃ النبا

"اور ہم نے تمہاری نیند کو آرام کا سبب بنایا" ﴿۹﴾ سورۃ النبا

وَهُوَ الَّذِي جَعَلَ لَكُمُ اللَّيْلَ لِبَاسًا وَالنَّوْمَ سُبَاتًا وَجَعَلَ النَّهَارَ نُشُورًا ﴿۴۷﴾ سورۃ الفرقان

"اور وہی ہے جس نے تمہارے لئے رات کو پوشاک (کی طرح ڈھانک لینے والا) بنایا اور نیند کو (تمہارے لئے) آرام (کا باعث) بنایا اور دن کو (کام کاج کے لئے (اٹھ کھڑے ہونے کا وقت بنایا" ﴿۴۷﴾ سورۃ الفرقان

'سُبَاتَ' کے معنی ہیں حرکت و عمل چھوڑ کر دنیا و مافیہا سے بے خبر ہو کر آرام کرنا

اور ایسا گہری نیند میں ہی ممکن ہے۔

لہذا ساری دنیا اسی 'اَلنَّوْمُ' کی کیفیت میں یعنی دنیا و مافیہا سے بے خبر ہو کر گہری نیند سوتی ہے سوائے اللہ کے متقی و پرہیز گار بندوں کے جنہیں رات کو عبادت کرنے کی فکر بے فکری کی نیند سونے نہیں دیتی' جس کا بیان نیند کی خصوصی اقسام میں کیا گیا ہے۔

آیت الکرسی میں اپنی صفاتِ عالیہ بیان کرتے ہوئے اللہ رب العزت نے نیند کی پہلی کیفیت 'اَلسِنَۃٌ' اور آخری کیفیت 'اَلنَّوْمُ' کو بیان کر کے اپنے آپ کو نیند کی ہر قسم سے پاک قرار دیا ہے اور خالق (اللہ) کیلئے یہی لائق ہے:

اَللّٰہُ لَا اِلٰہَ اِلَّا ھُوَ الْحَیُّ الْقَیُّوْمُ ۚ لَا تَاْخُذُہٗ سِنَۃٌ وَّلَا نَوْمٌ ۚ ..... آیت الکرسی

"اللہ' اس کے سوا کوئی معبودِ برحق نہیں، ہمیشہ زندہ رہنے والا ہے، (سارے عالم کو اپنی تدبیر سے) قائم رکھنے والا ہے، نہ اس کو اُونگھ آتی ہے اور نہ نیند" ..... آیت الکرسی

۹ء۱.۴　نمبر ۴۔۔۔ خواب دیکھنے والی نیند:

نیند کی چوتھی قسم اور کیفیت وہ ہے جس میں انسان خواب دیکھتا ہے۔ انسان کبھی نیند کی حالت میں بہت سی ایسی چیزیں دیکھتا ہے جو بیداری اور جاگنے کی حالت میں نہیں دیکھ سکتا۔ عرف عام میں اس کو خواب کے لفظ سے تعبیر کیا جاتا ہے۔ بعض مسلم اسکالرز کے مطابق " نیند کے دوران روح جسم سے نکل کر عالم علوی اور عالم سفلی میں سیر کرتی ہے اور جو جاگنے میں نہیں دیکھ سکتی وہ دیکھتی ہے"۔ خواب میں کبھی پُر مسرت اور کبھی خوفناک حالات و کیفیات ذہن میں ابھرتی ہیں جس کی اکثر بیداری کے ساتھ ساتھ یکلخت مٹ جاتی ہیں لیکن بعض یاد بھی رہتی ہیں اور بعض خواب سچے بھی ثابت ہوتے ہیں۔

قرآن اور حدیث میں خوابوں کا تفصیلاً ذکر ہے۔

قرآن میں اللہ سبحانہ و تعالیٰ نے حضرت ابراہیمؑ، حضرت یوسفؑ اور ہمارے پیارے نبی اکرم ﷺ کی خوابوں کا ذکر کیا ہے۔

حضرت ابراہیمؑ کے خواب کے بارے میں اللہ تعالیٰ نے فرمایا:

قَدْ صَدَّقْتَ الرُّءْيَا ۚ اِنَّا كَذٰلِكَ نَجْزِي الْمُحْسِنِيْنَ ﴿۱۰۵﴾ سورۃ الصافات

"تم نے (اپنے) خواب کو سچ کر دکھایا بے شک ہم نیکوکاروں کو اسی طرح جزا دیتے ہیں"۔

اور اسی طرح ہمارے پیارے نبی ﷺ کے ایک خواب کا ذکر کرتے ہوئے فرمایا:

قَدْ صَدَقَ اللّٰهُ رَسُوْلَهُ الرُّءْيَا بِالْحَقِّ ۚ لَتَدْخُلُنَّ الْمَسْجِدَ الْحَرَامَ اِنْ شَآءَ اللّٰهُ اٰمِنِيْنَ مُحَلِّقِيْنَ رُءُوْسَكُمْ وَمُقَصِّرِيْنَ لَا تَخَافُوْنَ ۚ ﴿۲۷﴾ سورۃ الفتح

"بے شک اللہ نے اپنے رسول کا خواب سچا کر دکھایا کہ اگر اللہ نے چاہا تو تم امن کے ساتھ مسجد حرام میں ضرور داخل ہو گے اپنے سر منڈاتے ہوئے اور بال کتراتے ہوئے بے خوف و خطر نڈر ہو کر"۔ ﴿۲۷﴾ سورۃ الفتح

حضور نبی اکرم ﷺ نے خواب کی اقسام کا ذکر کرتے ہوئے فرمایا:

"خواب تین طرح کے ہوتے ہیں، سچا و نیک خواب اللہ تعالیٰ کی طرف سے بشارت ہوتا ہے، دوسری قسم آدمی اپنے نفس سے ہی گفتگو کرے، تیسری قسم شیطان کی طرف سے ڈرانا ہے"۔ (حاکم، المستدرک)

اور آپ ﷺ نے یہ بھی فرمایا: "نیک خواب نبوت کے چھیالیسویں حصوں میں سے ایک ہے"۔ بخاری

اور یہ بھی فرمایا: "وہ خواب جو سحری کے وقت رات کے پچھلے پھر آتے ہیں وہ دیگر خوابوں کے مقابلے میں زیادہ سچے ہوتے ہیں"۔ ترمذی

خواب کے بارے میں فی الحال اتنا ہی کیونکہ ہمارا اصل موضوع خواب نہیں بلکہ نیند اور نیند کی کیفیات واقسام بیان کرنا ہے۔

اب قرآن کے مطابق نیند کی خصوصی اقسام جاننے سے پہلے نیند پر جدید تحقیقی اقسام کا جائزہ لیتے ہیں۔

۱۰ء۱ جدید سائنسدانوں نے نیند کو پہلے دو اقسام میں تقسیم کیا ہے

پہلا: تیز حرکتِ چشم نیند(Rapid Eye Movement sleep -REM)

دوسرا: بغیر تیز حرکتِ چشم کے نیند (Non Rapid Eye Movement sleep -NREM)

پھر بغیر تیز حرکتِ چشم کے نیند(NREM sleep) کے تین اقسام یا مرحلے ہیں:

اسٹیج ۱N(NREM ۱)۔ ہلکی نیند۔۔ بیداری سے نیند میں جانے کی عبوری عمل ہے۔ اس دوران انسان اونگھنے کے باوجود ماحول سے باخبر رہتا ہے۔

اسٹیج ۲N(NREM ۲)۔ سست موج نیند۔۔ اس مرحلے میں پٹھے ڈھیلے پڑ جاتے ہیں، دل آہستہ دھڑکتا ہے اور جسم کا درجہ حرارت اور فشارِ خون (BP) کم ہو جاتا ہے۔ انسان آسانی سے بیدار ہو سکتا ہے۔

اسٹیج ۳N(NREM ۳)۔ گہری سست موج نیند۔۔ نیند کی یہ کیفیت بہت گہری ہوتی ہے اور اس نیند سے کسی کو بیدار کرنا کافی مشکل ہوتا ہے۔ اگر جگایا جائے تو انسان کسی قدر بدحواس ہوتا ہے۔ اس نیند کے دوران جسم میں کچھ حرکت ہو سکتی ہے لیکن دماغ خاموش رہتا ہے۔ خون میں ہارمونز شامل ہوتے ہیں اور جسم دن بھر کی شکست وریخت کے بعد اپنی مرمت کرتا ہے۔

تیز حرکتِ چشم نیند(Rapid eye movement sleep) یہ رات بھر میں کئی مرتبہ وقوع پزیر ہوتی ہے اور تقریباً انسان کی نیند کے دورانیے کا پانچواں حصہ ہوتی ہے۔ آر ای ایم نیند کے دوران دماغ کافی مصروف ہوتا ہے' پٹھے بالکل ڈھیلے پڑ جاتے ہیں' آنکھیں تیزی سے دایئں بایئں حرکت کرتی ہیں۔ آر ای ایم نیند کے دوران انسان کئی خواب دیکھتا ہے اور رات کے آخری حصے میں خوابوں کا تسلسل زیادہ ہوتا ہے لیکن کبھی کبھار ہی اسے کوئی خواب یاد رہ جاتا ہے۔

قرآن اور جدید تحقیق کی بنیاد پر نیند میں مطابقت:

ا سٹیج(N۱NREM (اَلْسِنَۃٌ یا اونگھ سے مطابقت رکھتی ہے۔

ا سٹیجN۲ NREM)۲)النُّعَاس یا غنودگی سے مطابقت رکھتی ہے۔

ا سٹیجN۳ NREM)۳)اَلنَّوْمُ یا گہری نیند سے مطابقت رکھتی ہے۔

ا سٹیجR (REM)خواب دیکھنے والی نیند سے مطابقت رکھتی ہے۔

قرآن میں نیند کی دو خصوصی اقسام کا ذکر ہے جس کے بارے میں جدید سائنس کے پاس کوئی توضیح نہیں۔

۱۱ء۱ نیند کی خصوصی اقسام درج ذیل ہیں:

۱ء۱۱ء۱ خصوصی نیند۔۱۔۔اَلْھُجُوْعُ یا رات کو عبادت کیلئے کم سونا:

'اَلْھُجُوْعُ۔۔۔ رات کو عبادت کیلئے کم سونا' نیند کی ایک خصوصی (اسپیشل) قسم ہے جو اللہ کے مخصوص و محبوب' متقی و پرہیزگار اور عبادت گزار بندوں کی رات کی نیند کی کیفیت ہے۔ حب الٰہی اور خشیتِ الٰہی سے سرشار بندے 'اَلْھُجُوْعُ' کی نیند سوتے ہیں یعنی بے خبری کی نیند نہیں سوتے بلکہ رات کو اُٹھ اُٹھ کر اللہ کی عبادت کرتے ہیں' تہجد کا اہتمام کرتے ہیں' نمازِ فجر باجماعت ادا کرتے ہیں اور اللہ سے دعا و استغفار کرتے ہیں جن

کی تعریف کرتے ہوئے اللہ تعالٰی نے فرماتے ہیں:

كَانُوا قَلِيلًا مِّنَ اللَّيْلِ مَا يَهْجَعُونَ ﴿١٧﴾ وَبِالْأَسْحَارِ هُمْ يَسْتَغْفِرُونَ ﴿١٨﴾ سورة الذاريات

"وہ (عبادت میں مشغول رہنے کے سبب) رات کو بہت کم سوتے تھے' اور سحر کے وقت استغفار کیا کرتے تھے" ﴿١٨﴾ سورۃ الذاریات

بے خبری کی نیند سونے کے بجائے رات کو اُٹھ کر سجود و قیام کرنے والوں کو اللہ تعالٰی عباد الرحمٰن کہتے ہیں:

وَعِبَادُ الرَّحْمَٰنِ الَّذِينَ يَمْشُونَ عَلَى الْأَرْضِ هَوْنًا وَإِذَا خَاطَبَهُمُ الْجَاهِلُونَ قَالُوا سَلَامًا ﴿٦٣﴾ وَالَّذِينَ يَبِيتُونَ لِرَبِّهِمْ سُجَّدًا وَقِيَامًا ﴿٦٤﴾ سورۃ الفرقان

"رحمان کے (سچے) بندے وہ ہیں جو زمین پر نرم چال (عاجزی سے) چلتے ہیں اور جاہل ان کے منہ کو آئیں تو کہہ دیتے ہیں کہ تم کو سلام۔ اور جو اپنے رب کے سامنے سجدے اور قیام کرتے ہوئے راتیں گزار دیتے ہیں" ﴿٦٤﴾ سورۃ الفرقان

عبادت کیلئے رات کم سونے والے بندے ہی علم و عقل والے اور دیگر افراد کے بالمقابل بلند مقام و مرتبہ والے ہیں:

أَمَّنْ هُوَ قَانِتٌ آنَاءَ اللَّيْلِ سَاجِدًا وَقَائِمًا يَحْذَرُ الْآخِرَةَ وَيَرْجُو رَحْمَةَ رَبِّهِ ۗ قُلْ هَلْ يَسْتَوِي الَّذِينَ يَعْلَمُونَ وَالَّذِينَ لَا يَعْلَمُونَ ۗ إِنَّمَا يَتَذَكَّرُ أُولُو الْأَلْبَابِ ﴿٩﴾ سورۃ الزمر

"بھلا جو شخص رات کی گھڑیوں میں کبھی سجدہ کر کے اور کبھی قیام کر کے اللہ کی عبادت کرتا ہے اور (اس کے باوجود) آخرت سے ڈرتا ہے اور اپنے پروردگار کی رحمت کا امیدوار ہے ؟ (تو کیا وہ شخص جو ایسا نہیں ہے یکساں ہو سکتے ہیں ؟ (کہیے کیا علم والے اور جاہل برابر ہو سکتے ہیں ؟ بے شک نصیحت تو صرف صاحبانِ عقل ہی حاصل کرتے ہیں"..

﴿۹﴾ سورۃ الزمر

عرف عام میں رات میں بیدار رہ کر نماز پڑھنے کو 'تہجد' کہتے ہیں۔ لیکن 'تہجد' کے معنی بیدار ہونا اور رات میں سونا بھی ہے۔ جیسا کہ ذیل کی قرآنی آیتوں سے ثابت ہے:

وَمِنَ اللَّيْلِ فَتَهَجَّدْ بِهِ نَافِلَةً لَّكَ عَسَىٰ أَن يَبْعَثَكَ رَبُّكَ مَقَامًا مَّحْمُودًا ﴿۷۹﴾ سورۃ الإسراء

'اور رات کے کچھ حصہ (پچھلے پہر) میں قرآن کے ساتھ بیدار رہیں (نمازِ تہجد پڑھیں) یہ آپ کے لئے اضافہ ہے۔ عنقریب آپ کا پروردگار آپ کو مقامِ محمود پر فائز کرے گا" ﴿۷۹﴾ سورۃ الإسراء

بے شک 'اَلْهُجُوْعُ'۔۔۔ عبادت کیلئے کم سونا' نہایت مشقت طلب ہے اور نفس پر بہت گراں بھی ہے۔ اسی لئے اللہ تعالیٰ نے اپنے پیارے نبی ﷺ اور دیگر مومنیں کیلئے اس میں آسانی کیلئے فرمایا:

يَا أَيُّهَا الْمُزَّمِّلُ ﴿۱﴾ قُمِ اللَّيْلَ إِلَّا قَلِيلًا ﴿۲﴾ نِّصْفَهُ أَوِ انقُصْ مِنْهُ قَلِيلًا ﴿۳﴾ أَوْ زِدْ عَلَيْهِ وَرَتِّلِ الْقُرْآنَ تَرْتِيلًا ﴿۴﴾ سورۃ المزمل

"اے میرے چادر لپیٹنے والے (رسول ﷺ)' آپ رات کو (نماز میں) قیام فرمایا کریں مگر (پوری رات نہیں بلکہ) تھوڑی رات 'یعنی آدھی رات یا اس میں سے بھی کچھ کم کر دیں۔ یا اس پر کچھ زیادہ کر دیں اور قرآن خوب ٹھہر ٹھہر کر پڑھا کریں" سورۃ المزمل

إِنَّ رَبَّكَ يَعْلَمُ أَنَّكَ تَقُومُ أَدْنَىٰ مِن ثُلُثَيِ اللَّيْلِ وَنِصْفَهُ وَثُلُثَهُ وَطَائِفَةٌ مِّنَ الَّذِينَ مَعَكَ ۚ وَاللَّهُ يُقَدِّرُ اللَّيْلَ وَالنَّهَارَ ۚ عَلِمَ أَن لَّن تُحْصُوهُ فَتَابَ عَلَيْكُمْ ۖ فَاقْرَءُوا مَا تَيَسَّرَ مِنَ الْقُرْآنِ ۚ عَلِمَ أَن سَيَكُونُ مِنكُم مَّرْضَىٰ ۙ وَآخَرُونَ يَضْرِبُونَ فِي الْأَرْضِ يَبْتَغُونَ مِن فَضْلِ اللَّهِ ۙ وَآخَرُونَ يُقَاتِلُونَ فِي سَبِيلِ اللَّهِ ۖ فَاقْرَءُوا مَا تَيَسَّرَ مِنْهُ ۚ

وَ اَقِیمُوا الصَّلٰوۃَ وَ آتُوا الزَّکٰوۃَ وَ اَقْرِضُوا اللّٰہَ قَرْضًا حَسَنًا ؕ وَمَا تُقَدِّمُوا لِاَنْفُسِکُم مِّنْ خَیْرٍ تَجِدُوہُ عِنْدَ اللّٰہِ ھُوَ خَیْرًا وَّ اَعْظَمَ اَجْرًا ؕ وَاسْتَغْفِرُوا اللّٰہَ ؕ اِنَّ اللّٰہَ غَفُورٌ رَّحِیمٌ ﴿۲۰﴾ سورۃ المزمل

"بے شک آپ کا رب جانتا ہے کہ آپ اور جو لوگ آپ کے ساتھ ہیں (کبھی) دو تہائی رات کے قریب اور (کبھی) آدھی رات اور (کبھی) تہائی رات سے (نماز تہجد) میں کھڑے ہوتے ہیں اور اللہ ہی رات اور دن کا اندازہ کرتا ہے اسے معلوم ہے کہ تم اس کو نباہ نہیں سکتے سو اس نے تم پر رحم کیا پس پڑھو جتنا قرآن میں سے آسان ہو اسے علم ہے کہ تم میں سے کچھ بیمار ہوں گے اور کچھ اور لوگ بھی جو اللہ کا فضل تلاش کرتے ہوئے زمین پر سفر کریں گے اور کچھ اور لوگ ہوں گے جو اللہ کی راہ میں جہاد کریں گے پس پڑھو جو اس میں سے آسان ہو اور نماز قائم کرو اور زکوٰۃ دو اور اللہ کو اچھی طرح (یعنی اخلاص سے) قرض دو اور جو کچھ نیکی آگے بھیجو گے اپنے واسطے تو اس کو اللہ کے ہاں بہتر اور بڑے اجر کی چیز پاؤ گے اور اللہ سے بخشش مانگو بے شک اللہ بخشنے والا نہایت رحم والا ہے"

سورۃ المزمل

افسوس! آج مسلمانوں کی اکثریت لہو لعب 'ڈرامے 'فلم ' کھیل کود اور نیٹ سرفنگ وغیرہ کیلئے رات جاگ سکتی ہے لیکن اللہ کی عبادت کیلئے وقت پر سونا اور رات کو جاگنا بھاری ہے۔ اب تو اکثریت پنجگانہ نماز ہی نہیں پڑھتی چہ جائکہ رات کو تہجد اور فجر باجماعت کا اہتمام کرے۔

۲ء۱۱ء۱ خصوصی نیند۔ ۲۔۔۔اَلرُّقَادُ یا طویل مدت کی خوشگوار نیند:

'اَلرُّقَادُ'۔۔۔سے طویل نیند بھی مراد ہے اور خوشگوار ہلکی سی نیند بھی۔ اصل لفظ 'رَقَدَ' ہے۔ 'رَاقِدٌ' بہت سونے والا اور 'رَاقِدٌ' کا جمع 'رُقُودٌ' ہے۔

سورہ کہف میں اصحابِ کہف کا ذکر کرتے ہوئے اللہ تعالٰی فرماتے ہیں:

وَ تَحۡسَبُہُمۡ اَیۡقَاظًا وَّ ہُمۡ رُقُوۡدٌ ٭ۖ وَّ نُقَلِّبُہُمۡ ذَاتَ الۡیَمِیۡنِ وَ ذَاتَ الشِّمَالِ ٭ۖ ....

﴿۱۸﴾ سورۃ الکھف

" آپ خیال کرتے کہ وہ بیدار ہیں، حالانکہ وہ سوئے ہوئے تھے، خود ہم ہی انہیں دائیں بائیں کروٹیں دلایا کرتے تھے".... ﴿۱۸﴾ سورۃ الکھف

اللہ سبحانہ و تعالٰی نے اصحابِ کہف کو ۳۰۹ سال کی لمبی اور گہری نیند سلانے کے باوجود ان پر 'رُقُوۡدٌ' کی اصطلاح استعمال کر کے بتا دیا ہے کہ ان کی نیند لمبی اور گہری ہونے کے باوجود خوشگوار تھی۔

اور ان کی نیند کو خوشگوار بنانے کیلئے اللہ تعالٰی نے سارے انتظامات کئے تھے۔ جیسے

** ان کے کانوں پر پردہ ڈال دینا تاکہ وہ شور شرابہ سے بچ کر لمبی نیند سوتے رہیں۔) آیت:(۱۱

** دائیں بائیں کروٹ دلاتے رہنا تاکہ جسم میں بیڈ سور bedsore والی زخم نہ ہو جائے۔) آیت:(۱۸

** غار کے دہانے پر ہاتھ پھیلائے کتا چوکیدار کی طرح بیٹھا دینا تاکہ کوئی ان کی نیند میں خلل نہ ڈالے۔) آیت:(۱۸

** سورج کا غار سے دائیں بائیں ہو کر گزر جانا تاکہ سورج کی روشنی اور تمازت سے محفوظ رہ کر میٹھی نیند کی مزے لیتے رہیں۔) آیت:(۱۷

** غار کے اندر ایک وسیع اور کشادہ جگہ پر سلانا تاکہ ہوا کا گزر ہوتا رہے۔۔۔)

آیت:(۱۷

آج 'کوما' یا فالج کی وجہ کر بستر یا وہیل چیئر پر پڑے مریض کو اگر سورہ کہف میں

بیان کردہ ان ہی اصولوں کے تحت کشادہ ہوادار جگہ پر رکھا جائے اور بار بار کروٹیں دلائی جائے تو بیڈ سور یعنی جلد کی پھوڑے کے مرض سے بچایا جاسکتا ہے۔

گزشتہ چند دہائیوں سے نیند کے بارے میں کافی تحقیقات ہوئی ہیں اور نیند کی ضرورت' پُر سکون نیند' نیند کی کمی و زیادتی اور نیند نہیں آنا وغیرہ کے بارے خاطر خواہ معلومات فراہم کئے گئے ہیں۔ جبکہ اسلام آج کی جدید تحقیق سے ۱۴۳۸ سال پہلے ہی نیند کے بارے میں اہم معلومات فراہم کر چکا ہے۔ جدید سائنسی تحقیقات بھی قرآن میں بیان کردہ نیند کے اقسام و کفیات سے مکمل ہم آہنگ ہیں۔ آج سے ۱۴۳۸ سال قبل ہمارے پیارے نبی ﷺ نے اچھی صحت کیلئے نیند کی اہمیت پر زور دیا جبکہ قرآن رات و دن کی تبدیلی کی حکمت و اہمیت بیان کرتا ہے۔

مسلمان صدیوں سے نبی کریم ﷺ کے بتائے ہوئے سونے کے مخصوص آداب و عادات اپنائے ہوئے ہیں۔ آج کی سائنسی تحقیقات بھی انسان کی پُر سکون نیند کیلئے ان ہی اسلامی طریقوں کو اپنانے کی تجاویز پیش کرتی ہیں۔

۱۲ء۱ دن کی نیند یا قیلولہ:

دوپہر کے وقت تھوڑی دیر آرام کرنا یا سونا قیلولہ کہلاتا ہے جو نبی اکرم ﷺ کی سنت ہے اور ۱۴۳۸ سال سے مسلمانوں میں رائج ہے جسے آج کے مغربی محققین سمجھنے کی کوشش کر رہے ہیں۔

قیلولہ کا حکم قرآن اور متعدد صحیح احادیث سے ثابت ہے۔ نبی اکرم ﷺ قیلولہ کیا کرتے تھے۔

قرآن میں ہے:

وَمِنْ آيَاتِهِ مَنَامُكُم بِاللَّيْلِ وَالنَّهَارِ وَابْتِغَاؤُكُم مِّن فَضْلِهِ ۚ إِنَّ فِي ذَٰلِكَ لَآيَاتٍ لِّقَوْمٍ

یَسْمَعُوْنَ ﴿۲۳﴾ سورۃ الروم

" اور اُس کی نشانیوں میں سے تمہارا رات اور دن کو سونا اور تمہارا اس کے فضل کو تلاش کرنا ہے یقیناً اِس میں بہت سی نشانیاں ہیں اُن لوگوں کے لیے جو) غور سے) سُنتے ہیں" ﴿۲۳﴾ سورۃ الروم

اس آیت میں دن کی نیند سے مراد دوپہر کا قیلولہ ہے۔

اور حدیث نبوی ﷺ ہے:

" قیلولہ کیا کرو کیونکہ شیاطین قیلولہ نہیں کرتے"۔ (السلسلۃ الصحیحۃ للألباني:۱۶۴۷)

ایک اور حدیث میں ہے:

محمد بن کثیر، سفیان، ابو حازم، سہل بن سعدؓ سے روایت کرتے ہیں، انہوں نے بیان کیا کہ "ہم جمعہ کی نماز کے بعد کھانا کھاتے اور قیلولہ کرتے تھے"۔) صحیح بخاری۔ جلد سوم ۔اجازت لینے کا بیان۔ حدیث ۱۲۳۲(

سائب بن یزید کہتے ہیں کہ حضرت عمر بن خطابؓ جب دوپہر کو ہمارے پاس سے گزرتے تو فرماتے "اُٹھو سو جاؤ(قیلولہ کرو) باقی وقت شیطان کا ہے"۔(شعب الایمان ۴۷۴۰، جلد ۴ صفحہ ۱۵۲)۔

۱ء۱۲ء۱ قیلولہ کے فوائد:

قیلولہ کرنے سے لوگ ہشاش بشاش ہو جاتے ہیں اور دن کے بقیہ حصے میں لگن کے ساتھ کام کر سکتے ہیں۔ رات کو بہترین نیند نصیب ہوتی ہے' تہجد و نماز فجر کیلئے اُٹھنا اور صبح سویرے جاگنا آسان ہو جاتا ہے اور اگلے دن چستی سے کام کرنے میں مدد ملتی ہے۔

رسول اللہ ﷺ نے فرمایا: "دن کے سونے (قیلولہ) کے ساتھ رات کے قیام میں

مدد پکڑو اور سحری کے کھانے سے دن کے روزے پر مدد پکڑو"۔ (یہ حدیث مرسل ہے)۔ (شعب الایمان ۴۷۴۲، جلد ۴ صفحہ ۱۵۲)۔

قیلولہ سے پیٹ' دل و دماغ کے مرض اور ہارٹ اٹیک و فالج کا خطرہ کم ہو جاتا ہے۔ قیلولہ خون کے نظام کو بہتر بناتا ہے اور ذہنی دباؤ و بلڈ پریشر میں کمی پیدا کرتا ہے جدید تحقیق سے ثابت ہوا ہے کہ قیلولہ ہر عمر میں فائدہ پہنچاتا ہے لیکن بچوں کے لئے قیلولہ زیادہ فائدہ مند ہے، قیلولہ بچوں کی جسمانی و ذہنی نشو ونما کیلئے اکسیر ہے اور بچوں کو چاق چوبند رکھ کر اور ذہنی قوت بڑھا کر پڑھائی میں لگن اور تعلیم و یاد داشت میں استحکام پیدا کرتی ہے۔

۲ء۱۲ء۱ قیلولہ کی سائنسی اہمیت

آج جدید تحقیق سے پتہ چلا ہے کہ دوپہر کے وقت (pm ۳:۰۰-۱:۰۰) انسانی جسم میں اتار چڑھاؤ (تغیریات) کا گہرا عمل ہوتا ہے، اس یے زیادہ تر لوگوں پر نیند کا غلبہ ہوتا ہے۔ چنانچہ اگر دوپہر کو کچھ دیر) کم از کم ۲۰ منٹ (سویا جائے تو تھکاوٹ دور ہو جاتی ہے' جسم میں چستی اور راحت محسوس ہوتی ہے اور کام کرنے کی لگن' قوت وصلاحیت بڑھ جاتی ہے۔ (https://sleepfoundation.org/sleep-topics/sleep-drive-and-your-body-clock)

آج کی ترقی یافتہ اقوام قیلولہ پر ریسرچ کر کے اسے اپنا رہی ہیں۔ چائنا اور دیگر ممالک میں دفتری اوقات میں ملازمین کو ۳۰ منٹ قیلولہ کرنے کی ترغیب دی جا رہی ہے۔

لیکن المیہ یہ ہے کہ آج مسلمانوں کی اکثریت دوسری سنتوں کی طرح قیلولہ کی سنت کو بھی چھوڑتی جارہی ہے کیونکہ مادیت پرستی کی اس دوڑ میں اول تو اکثریت کو قیلولہ کرنے کا وقت ہی نہیں ملتا دوئم جنہیں روزانہ یا جنہیں چھٹیوں کے دنوں میں وقت ملتا ہے

تو وہ لوگ رات دیر تک جاگتے اور دوپہر تک سوتے رہتے ہیں' پھر قیلولہ کی سنت پر عمل کرنے کا سوال کیسا؟

۱۳ء۱ جمائی / جماہی یا اَلتثاؤُبَ

جمائی یا جماہی نیند کی کوئی قسم نہیں لیکن نیند ہی کی جیسی ایک ناپسندیدہ کیفیت ہے جو نیند کی کمی' تھکاوٹ' بوریت' حواس کی کدورت' نفس کی بوجھل پن یا پیٹ کے بھرے ہونے کی وجہ سے پیدا ہوتی ہے جس کے نتیجے میں سوء فہم، سستی اور غفلت پیدا ہوتی ہے ۔ جماہی کے وقت جسم میں ذرا سا تناؤ آ کر منہ کھل جاتا ہے اور شکل تبدیل ہو جاتی ہے۔ جمائی ایک قدرتی عمل ہونے کے باوجود اسلامی معاشرے میں ناپسندیدہ ہے' اور اس ناپسندیدگی کی وجوہات وہی ہیں جس وجہ سے جمائی آتی ہے یعنی نیند کی کمی' تھکاوٹ' بوریت' حواس کی کدورت' نفس کی بوجھل پن یا پیٹ کا زیادہ بھرا ہونا وغیرہ۔ اسلام انسان کو اعتدال میں رہنے کا درس دیتا ہے۔ اسلام نہیں چاہتا کہ کوئی بندہ نیند کی کمی کا شکار ہو' یا اپنے آپ کو حد سے زیادہ تھکا لے' یا کسی معاملے میں بوریت کا شکار ہو یا اتنا پیٹ بھر لے کہ اپنے نفس کو بوجھل کر دے جس کی وجہ کر جمائی کا شکار ہو۔

اس لئے رسول اللہ ﷺ نے جمائی کو روکنے کا حکم دیا ہے' آپ ﷺ نے فرمایا:

" چھینک اللہ کی طرف سے اور جمائی شیطان کی طرف سے ہے۔ اگر کسی کو جمائی آئے تو اپنا ہاتھ منہ پر رکھ لے "۔) جامع ترمذی۔ جلد دوم۔ آداب اور اجازت لینے کا بیان ۔ حدیث ۶۶۱(

ایک اور حدیث میں ہے:

" جب تم میں سے کسی کو نماز میں جماہی آئے تو جہاں تک ہو سکے اس کو روکے اس لیے کہ (اس وقت) شیطان اندر گھستا ہے "۔) صحیح مسلم: ۷۴۹۳(۔

آج جدید سائنسی تحقیق کہتی ہے کہ جمائی کے دوران بڑا سا منہ کھلنے سے ہوا میں موجود جراثیم براہ راست پھیپھڑوں میں داخل ہوتا ہے جو بیماریوں کا سبب بن سکتا ہے۔ لہذا جمائی کو روکنے یا جمائی کے وقت میں منہ ڈھاک لینے سے انسان کئی بیماریوں سے بچ سکتا ہے۔

۱۳ء۱　نیند بھی اور عبادت بھی

اللہ سبحانہ و تعالٰی کی بخشش و کرم کی انتہا ہے کہ اس نے اپنے محبوب رسول ﷺ کے قول کی برکت سے ہماری نیند کو بھی عبادت بنا دیا ہے۔ بس ضرورت اس بات کی ہے کہ ہم آپ ﷺ کی صحیح اتباع کرتے ہوئے عشا اور فجر کی نمازیں باجماعت ادا کریں' جیسا کہ آپ ﷺ نے فرمایا ہے:

" جس آدمی نے عشاء کی نماز جماعت سے پڑھی، گویا اس نے آدھی رات تک قیام کیا۔ اور جس نے عشاء اور فجر دونوں جماعت سے پڑھیں، اس نے گویا پوری رات قیام کیا "۔(مسلم، کتاب المساجد، باب:۴۶، حدیث رقم:۶۵۶(

لیکن اس کے ساتھ یہ بھی وعید ہے کہ

" منافقوں کے لئے سب سے زیادہ دشوار نماز عشاء اور صبح کی نماز ہے۔ اور اگر انہیں معلوم ہوتا کہ ان نمازوں میں کتنا اجر وثواب ہے تو وہ گھٹنوں کے بل چل کر آتے "۔(بخاری، جلد اول کتاب الاذان، حدیث نمبر ۶۲۳(

اب ان احادیث کی روشنی میں ہمیں اپنا محاسبہ کرنا چاہئے کہ کیا ہمارا شمار رات بھر قیام کرنے والے اللہ کے محبوب بندوں میں ہو رہا ہے یا پھر منافقوں میں۔

۱۴ء۱　جلدی سونا جلد بیدار ہونا

اسلام ٹائم منجمنٹ کا جو درس صدیوں پہلے دیا ہے وہ بے نظیر ہے۔ رات کو عشاء کے

بعد جلدی سونا' تہجد میں اٹھنا' نماز فجر سے پہلے تھوڑا آرام کر لینا اور پھر نماز فجر ادا کرنا 'اشراق تک ذکر اذکار میں مگن رہنا اور اشراق کی نفل نماز کے بعد دن کے کام کاج میں مشغول ہو جانا نبی کریم ﷺ کا معمول تھا۔ اسی سنت کو صحابہ کرامؓ نے اپنایا اور امت مسلمہ صدیوں اس سنت پر کاربند رہی ہے۔

کیونکہ آپ ﷺ " عشاء سے پہلے سونے کو اور اس کے بعد بات کرنے کو مکروہ خیال کرتے تھے "۔(صحیح بخاری۔ جلد اول۔ نماز کے اوقات کا بیان۔ حدیث ۵۴۶)

اور صبح کے بارے میں حکم الٰہی ہے:

وَ سَبِّحْ بِحَمْدِ رَبِّکَ قَبْلَ طُلُوعِ الشَّمْسِ وَقَبْلَ الْغُرُوبِ ﴿۳۹﴾ سورۃ ق

" اور اپنے پروردگار کی حمد کے ساتھ طلوع آفتاب اور غروب سے پہلے تسبیح کیجئے "﴿۳۹﴾ سورۃ ق

... أَقِمِ الصَّلَاةَ لِدُلُوكِ الشَّمْسِ إِلَىٰ غَسَقِ اللَّيْلِ وَقُرْآنَ الْفَجْرِ ۖ إِنَّ قُرْآنَ الْفَجْرِ كَانَ مَشْهُودًا ﴿۷۸﴾ سورۃ الإسراء

" آپ سورج ڈھلنے سے لے کر رات کی تاریکی تک نماز قائم فرمایا کریں اور نمازِ فجر کا قرآن پڑھنا بھی (لازم کر لیں)، بیشک نمازِ فجر کے قرآن میں (فرشتوں کی) حاضری ہوتی ہے (اور حضوری بھی نصیب ہوتی ہے)"﴿۷۸﴾ سورۃ الإسراء

اللہ تعالیٰ نے نماز فجر کا حکم کے ساتھ اس کی اہمیت بیان فرمایا ہے۔ فجر کی نماز میں اور فجر کی نماز کے بعد قرآن کریم کی تلاوت سعادت کی بات ہے کیونکہ اس وقت میں فرشتوں کی حاضری ہوتی ہے جب اللہ کے بندے قرآن کریم کی تلاوت کرتے ہیں تو فرشتے اللہ کے کلام کو غور سے سنتے ہیں۔ لہذا مبارک و برکت کے مستحق ہیں وہ لوگ جنہیں یہ سعادت نصیب ہوتی ہے۔

کیونکہ آپ ﷺ نے دعا فرمائی: "اے اللہ! میری امت کو صبح میں برکت دیجئے"

اس کے علاوہ متعدد احادیث میں صبح جلد اٹھنے کی تلقین کی گئی ہے:

نبی ﷺ نے طلوع فجر کے وقت دو رکعت نماز پڑھنے کی شان کے بارے میں فرمایا کہ "ان کو پڑھنا میرے نزدیک ساری دنیا سے زیادہ محبوب ہے"۔) صحیح مسلم۔ جلد اول۔ مسافروں کی نماز اور قصر کے احکام کا بیان۔ حدیث ۱۶۸۳

حضرت انسؓ سے مروی ہے کہ نبی ﷺ نے ارشاد فرمایا: "اگر نمازِ عشاء اور نمازِ فجر سے پیچھے رہ جانے والوں کو یہ معلوم ہو جائے کہ ان دونوں نمازوں کا کیا ثواب ہے تو وہ ان میں ضرور شرکت کریں اگرچہ گھٹنوں کے بل ہی آنا پڑے"۔) مسند احمد۔ جلد پنجم۔ حدیث ۱۵۱۵(

اسی طرح رسول اللہ ﷺ نے یہ بھی فرمایا کہ "جس آدمی نے صبح کی نماز پڑھی تو وہ اللہ کی ذمہ داری میں ہے"۔) صحیح مسلم۔ جلد اول۔ مساجد اور نماز پڑھنے کی جگہوں کا بیان۔ حدیث ۱۴۸۸(

اسی طرح حضرت عائشہ صدیقہؓ سے روایت ہے کہ نبی ﷺ نے فرمایا: "نماز فجر کی دو رکعات پڑھنا دنیا اور جو کچھ دنیا میں ہے ان تمام سے بہتر ہے"۔) صحیح مسلم۔ جلد اول۔ مسافروں کی نماز اور قصر کے احکام کا بیان۔ حدیث ۱۶۸۲(

نماز عشاء اور نماز فجر کی اہمیت و فضائل پر مبنی سارے احادیث کا احاطہ اس مضمون میں نہیں کیا جاسکتا۔ بس اتنا ضروری ہے کہ ہر مسلمان کو تہجد نہیں تو کم از کم نماز فجر کا اہتمام کرنے کیلئے رات کو عشاء بعد ہی سو جانا چاہئے۔ لہذا جو شخص نماز فجر کی فکر کرے گا وہ رات کو جلدی سوئے گا۔

رات کو جلد سونے اور صبح جلد بیدار ہونے کے دینی فوائد کے علاوہ دنیاوی فوائد بھی

کم نہیں اور جدید تحقیق اس بارے میں ہر نئے دن کے ساتھ کئی نئی انکشافات کر رہی ہے۔

۱۵ء۱ نیند کے معاملے میں افراط و تفریط

نیند کے معاملے میں آج مسلمانوں کی اکثریت افراط و تفریط کی روش اپنا رکھی ہے جبکہ اسلام انسان کو اعتدال پسندی کا درس دیتا ہے اور متوازن زندگی گزارنا سکھاتا ہے۔ اسلام دین فطرت اور مکمل ضابطہ حیات ہے۔ اسلام نے انسان کے سونے جاگنے کے مکمل اصول و قواعد قانون فطرت کے مطابق وضع کر دیئے ہیں۔ لہذا جو لوگ نیند کے معاملے میں اسلامی اصول و ضابطے پر کاربند رہیں گے دنیاو آخرت میں کامیاب ہوں گے اور جو روگردانی کریں گے دنیاو آخرت میں ناکام و نامراد ہوں گے۔

آج جدید تحقیق سے پتہ چلا ہے کہ ضرورت سے کم یا زیادہ سونا' دونوں ہی وقت سے پہلے موت کو دعوت دیتا ہے۔ اسی طرح رات دیر سے سونا اور سورج طلوع ہونے کے بعد بھی سوتے رہنا بے شمار بیماریوں کا موجب ہے۔ سونے کے معاملے میں افراط و تفریط کی اس روش کے نقصانات کے بارے میں روزانہ نت نئے انکشافات ہو رہے ہیں اور روزانہ ہی تحقیقی مضامین ویب سائٹس کی زینت بن رہی ہیں۔ اس لئے اس بارے میں زیادہ لکھنے کی ضرورت نہیں۔

جب تک بجلی ایجاد نہیں ہوئی تھی ساری دنیا فطری نیند سوتی تھی یعنی جلدی سوتی تھی اور جلدی اٹھتی تھی۔ کسی کو بے خوابی کی بیماری نہیں تھی۔ کسی کو سونے کیلئے نیند کی گولیاں کھانے کی ضرورت نہیں پڑتی تھی۔ جبکہ آج مغربی ممالک میں ہر تین میں سے ایک فرد بے خوابی کے مرض میں مبتلا ہے۔ سونے کیلئے نیند کی گولیاں کھانا اور منشیات کا استعمال کرنا معمول ہے۔

صرف ۲۰۱۵ میں امریکیوں نے ۴۱ ارب امریکی ڈالرز (۴۱USD billion)

نیند کی ادویات میں خرچ کئے جبکہ سونے کیلئے منشیات پر خرچ کی گئی رقم اس سے کہیں زیادہ ہے۔

نیند کے معاملے میں افراط و تفریط کی روش کفران نعمت ہے اور اگر ہم مسلمانوں نے بھی یہی روش اپنائے رکھا تو وہ دن دور نہیں جب اہل مغرب کی طرح ہم سے بھی نیند کی قدرتی نعمت چھین لی جائے گی اور ہمیں بھی سونے کیلئے دواؤں کا سہارا لینا پڑے گا جس کا اثر ظاہر ہونا شروع ہو گیا ہے۔

لہٰذا ضروری ہے سونے جاگنے کے اسلامی اصول و ضوابط اپنائے جائیں اور دواؤں سے دور رہتے ہوئے دنیا و آخرت کی خیر و برکت اور کامیابی حاصل کی جائے۔

***

علاج معالجہ کے شرعی احکام و مسائل

عبدالجبار سلفی

طب کا علم، حیوانی جسم کی ترکیب اور اس کے اعضا کی کارکردگی کے متعلق دقیق بحث کرتا ہے۔ وہ اپنی تحقیق کی ابتدا حیوانی جسم کی ترکیب کے دقیق ترین اکائی (خلیہ) سے کرتا ہے اور پھر مشترک کارکردگی والے خلیوں کے مجموعے پر دادِ تحقیق دیتا ہے اور پھر دل، دماغ، جگر، گردہ جیسے اعضائے رئیسہ کی کارکردگی پر حیرت انگیز انکشافات کرتا ہے، پھر وہ نظامِ انہضام میں مشترک کردار ادا کرنے والے اعضائے حیوانی پر ریسرچ کرتا ہے اور ہر ایک کا الگ الگ کردار بیان کرتا ہے۔

یہ علم، انسان یا حیوان کی صحّت کی حالت میں اُس کے اعضائے جسمانی کے کردار کی اہمیت اور مرض کی حالت میں اُن کے خطرات بیان کرتا ہے اور اس کے علاج معالجے کے ذرائع بیان کرتا ہے۔ چنانچہ کتاب و سنت کی روشنی میں علاج معالجے کی ضرورت اور اہمیت پر مشتمل یہ مضمون پیش خدمت ہے۔ اس کے مطالعے سے آپ کو اندازہ ہو جائے گا کہ ہمارا دین اسلام اس قدر آسان اور فطرتِ انسانی سے ہم آہنگ ہے کہ دیگر سماوی مذاہب اس کی گردِ پا کو بھی پہنچ سکے۔ اللہ تعالیٰ سے دعا ہے کہ ہمیں اپنا دین سمجھنے اور اس پر عمل کرنے کی توفیق بخشے۔

اللہ سبحانہٗ و تعالیٰ نے انسان کو بنیادی طور پر اپنی عبادت کے لئے پیدا کیا ہے، لیکن

اس مقصد کو پورا کرنے کے لئے اس کا صحت مند ہونا ضروری ہے، لیکن بسا اوقات انسان کو اپنی ولادت سے قبل یا دوران ولادت یا ولادت کے بعد جسمانی یا نفسیاتی امراض لاحق ہو جاتے ہیں، جن کے علاج معالجے کا حکم قرآن و سنّت میں موجود ہے۔

علاج و معالجہ پسندیدہ عمل ہے!

صحیح مسلم میں ہے کہ حضرت رسول کریم ﷺ نے فرمایا:

« لکل داء دواء فإذا أصیب دواء الداء برأ ب-إذن اللہ عزّوجلّ » ۱

"ہر بیماری کی دوا ہے۔ جب بیماری کو اس کی اصل دوا میسر ہو جائے تو انسان عزوجل کے حکم سے شفایاب ہو جاتا ہے۔"

صحیح بخاری میں ہے کہ حضرت رسول اللہ ﷺ نے فرمایا:

« ما أنزل اللہ دآء إلا أنزل لہ شفاء » ۲

"اللہ تعالیٰ نے کوئی ایسی بیماری نازل نہیں کی جس کی شفا نازل نہ کی ہو۔"

جامع ترمذی کی ایک اور حدیث میں ہے کہ آپ ﷺ نے علاج معالجے کے متعلق صحابہ کرام کے ایک سوال کے جواب میں فرمایا:

« نعم یاعباد اللہ تداووا. فان اللہ عزّوجل لم یضع داء إلا وضع لہ شفاء أو دواء إلا داء واحد افقالوا: یارسول اللہ وماھو؟ قال: الھرم » ۳

"ہاں، اے اللہ کے بندو! علاج معالجہ کروالیا کرو، اللہ تعالیٰ نے کوئی ایسی بیماری نہیں رکھی جس کی شفا نہ رکھی ہو، سوائے ایک بیماری کے۔ صحابہ کرام نے پوچھا: وہ کون سی بیماری ہے؟ آپ ﷺ نے فرمایا: وہ ہے بڑھاپا۔"

امام شاطبیؒ (م ۷۹۰ھ) اپنی کتاب 'الموافقات فی أصول الشریعۃ' میں فرماتے ہیں:

"بسا اوقات انسان پر وارد ہونے والی مشقّت بیرون سے ہوتی ہے، اس میں نہ تو

انسان کا کوئی دخل ہوتا ہے اور نہ وہ انسان کے کسی معاملے میں داخل ہونے کے سبب سے وارد ہوتی ہے۔ ایسی صورت حال میں شارع کا مقصد یہ نہیں ہے کہ انسان پر یہ مشقت طاری رہے اور وہ اس کی بنا پر رنج واَلم پر صبر کرتا رہے اور نہ ہی شارع کا یہ مقصد ہے کہ انسان کسی مشقت کو اپنی جان پر وارد کرنے کے لئے کوئی سبب اختیار کرے، البتہ یہ بات ضرور ہے کہ اللہ تعالیٰ نے اپنے بندوں کو آزمانے اور ان کے ایمان کو خالص کرنے کے لئے موذی اور موئلِم چیزوں کو پیدا کیا ہے اور اُنہیں اپنے بندوں پر اپنی مشیّت کے موافق مسلط کیا ہے... الخ"۴

اور پھر یہ بات بھی ذہن میں رہنی چاہیے کہ اللہ تعالیٰ نے امراض اور ان کا سبب بننے والی مخلوق کو محض شر پہنچانے کے لئے پیدا نہیں کیا بلکہ اُس نے جس چیز کو بھی پیدا کیا ہے، اس میں کوئی نہ کوئی حکمت ہے اور وہ حکمت کے اعتبار سے خیر ہے، مثلاً اللہ نے بچھو جیسی زہریلی مخلوق کو پیدا کیا جو بظاہر مجسمہ شرّ ہے لیکن امام ابن جوزی 'صید الخاطر' میں لکھتے ہیں کہ:

"اگر اسے مٹّی کے کوزے میں گلِ حکمت کرکے ہلکی آنچ میں جلا کر راکھ بنا لیا جائے اور وہ راکھ جَو برابر گردے کی پتھری والے مریض کو کھلا دیا جائے تو پتھری ریزہ ریزہ ہوکر خارج ہوجاتی ہے اور اگر یہ فالج زدہ مریض کو ڈس لے تو اللہ کے اِذن سے مریض شفایاب بھی ہوسکتا ہے۔"۵

البتہ ایسی اشیاء میں بعض لوگوں کے لئے بسا اوقات شر ہوتا ہے، لیکن وہ اضافی اور جزئی شر ہے، مطلق اور کلّی شر نہیں ہوتا۔ لہٰذا شریعت میں اَمراض اور امراض کا سبب بننے کے دفیعہ کی اجازت ہے تاکہ انسان اللہ کے حکم سے شفایاب ہوکر اُس کی نعمتوں سے اس کے حکم کے مطابق لُطف اندوز ہوسکے۔

علاج معالجہ توکل علیٰ اللہ کے منافی نہیں!

قدوۃ السالکین ورئیس المحققین امام ابن قیم دمشقیؒ 'زاد المعاد' میں فرماتے ہیں:

" صحیح احادیث میں علاج معالجے کا حکم موجود ہے اور جس طرح بھوک اور پیاس دور کرنے اور سردی و گرمی سے بچنے کے لئے دوڑ دھوپ کرنا توکل کے منافی نہیں ہے اس طرح بیماری کا علاج کرانا بھی توکل علیٰ اللہ کے منافی نہیں ہے بلکہ اس وقت تک حقیقتِ توحید مکمل نہیں ہوتی جب تک انسان شرعاً و تقدیراً ان اسباب کو بروئے کار نہ لائے جنہیں اللہ نے اُس کی ضرورت کے لیے پیدا کیا ہے اور ان اسباب کو اختیار نہ کرنا، حقیقت توکّل سے پہلو تہی کرنا ہے اور یہ علاج معالجے کے حکم کو جھٹلانے اور اس کی حکمت کو تسلیم نہ کرنے کے مترادف ہے۔ علاج معالجہ کرانے کے حکم میں ان لوگوں کا ردّ ہے جو کہتے ہیں کہ اگر مقدر میں شفا لکھی ہے تو علاج کا کوئی فائدہ نہیں ہے اگر مقدر میں شفا نہیں تو بھی علاج کا کوئی فائدہ نہیں۔"٦

مملکتِ سعودی عرب کے سابق مفتی اعظم جناب عبد اللہ بن عبد العزیز بن بازؒ سے پوچھا گیا کہ اس شخص کے بارے میں آپ کا کیا خیال ہے جو اس حدیث نبوی سے ترکِ علاج و معالجہ پر استدلال کرتا ہے کہ اللہ کے پیارے رسول ﷺ نے فرمایا:

« يَدْخُلُ الْجَنَّةَ مِنْ أُمَّتِي سَبْعُونَ أَلْفًا بِغَيْرِ حِسَابٍ » . قَالُوا مَنْ هُمْ يَا رَسُولَ اللّٰهِ؟ قَالَ « هُمُ الَّذِينَ لَا يَسْتَرْقُونَ وَلَا يَتَطَيَّرُونَ وَلَا يَكْتَوُونَ وَعَلَى رَبِّهِمْ يَتَوَكَّلُونَ » ٧

" امت محمد ﷺ سے ستر ۷۰ ہزار آدمی بغیر حساب و عذاب کے جنت میں جائیں گے۔ یہ وہ لوگ ہیں جو نہ دم کرواتے ہیں، نہ علاج کی غرض سے اپنے جسم کو داغتے ہیں اور نہ فال نکالتے ہیں، بلکہ وہ صرف اپنے پروردگار پر ہی توکل کرتے ہیں۔"

تو انھوں نے جواب دیا کہ ان ستر ہزار مومنین نے صرف مندرجہ بالا چیزوں کو

ترک کیا ہو گا، یہ نہیں کہ انھوں نے اسبابِ شفا ہی ترک دیے ہوں گے، کیوں کہ آپ نے ضرورت پڑنے پر بعض صحابہ کرام کو سینگی لگوائی۔ اس لیے کہ سینگی لگوانے میں کوئی کراہت نہیں ہے، بلکہ یہ ایک جائز طریق علاج ہے۔ اس طرح دیگر طرقِ علاج بذریعہ انجکشن، سیرپ، گولیاں وغیرہ جائز ہیں۔

شیخ محمد بن صالح العثیمینؒ فرماتے ہیں کہ جب انسان یہ اعتقاد رکھے کہ اسباب محض اسباب ہی ہیں اور اللہ کی مرضی کے بغیر اُن میں تاثیر نہیں آسکتی تو اسباب کا بروئے کار لانا توکل کے منافی نہیں ہے۔ اس بنا پر انسان کا کوئی چیز پڑھ کر اپنے آپ کو یا اپنے کسی بھائی کو دم کرنا توکل کے بر خلاف نہیں ہے کیونکہ حضرت رسولِ کریم ﷺ معوّذات پڑھ کر اپنے آپ کو بھی دم کرتے تھے اور اپنے صحابہ کو بھی۔ واللہ اعلم!

بیماری سے بچاؤ کے لئے احتیاطی علاج و معالجہ

امام شاطبیؒ مؤلمات اور موذیات کے بارے میں گفتگو کرتے ہوئے فرماتے ہیں:

"شریعتِ اسلامیہ کے مجموعی مطالعے سے یہ بات سمجھ میں آئی ہے کہ انسان کو لاحق ہونے والی مشقت کو ہٹانے اور شریعت میں جائز قرار دی جانے والی نعمتوں سے لطف اندوز ہونے کی صلاحیت کو محفوظ رکھنے کی غرض سے موذیات اور مؤلمات کا علاج مطلقاً جائز ہے بلکہ کسی موذی اور مؤلم وبا سے بچنے کے لیے حفاظتی اقدامات کرنے کی بھی شرع میں اجازت ہے۔ اگرچہ وہ ابھی واقع نہ بھی ہوئی ہو، تاکہ انسان کی تخلیق کے مقصد کی تکمیل ہو، اور اس کی طرف پُر خلوص توجہ کی تکمیل کی نگہداشت ہو اور اللہ تعالیٰ کی عطا کردہ نعمت عافیت کے شکریے کا فریضہ ادا ہو، مثلاً موسم سرما یا گرما کے آنے سے قبل اور بھوک یا پیاس لگنے سے پہلے اُن کے تکلیف دہ اثرات سے بچنے کی تدابیر کرنا اور بیماریوں کے پھیلنے سے قبل حفاظتی اقدامات کرنا اور ہر موذی چیز سے بچاؤ کا سامان کرنا اور اس دنیا

میں سعادت مند زندگی بسر کرنے کی غرض سے متوقع نقصان دہ چیزوں سے بچنے اور متوقع نفع مند چیزوں کے حصول کے اقدامات کرنا۔"۸

سعودی عرب کے سابق مفتی اعظم شیخ عبد العزیز بن عبد اللہ بن بازؒ سے بیماری کے نازل ہونے سے پہلے حفاظتی قطرے یا حفاظتی اَدویات کے استعمال کے بارے میں پوچھا گیا تو اُنہوں نے فرمایا:

"وَبا یا دیگر اسباب کی وجہ سے بیماریاں در آنے کے خطرے کے پیش نظر علاج معالجہ کرانے یا دوا کھانے میں کوئی حرج نہیں، کیونکہ حضرت رسولِ کریم ﷺ سے صحیح سند سے مروی ہے کہ آپ ﷺ نے فرمایا:

«من تصبّح بسبع تمرات من عجوة لم يضره سمّ ولا سحر» ۹

"جس شخص نے صبح سویرے سات عجوہ کھجوریں کھالیں، اسے جادو اور زہر نقصان نہ پہنچا سکیں گے۔"

یہ اقدام بیماری کے رونما ہونے سے قبل پرہیز و بچاؤ کے قبیل سے ہے۔ اسی طرح جب کسی بیماری میں مبتلا ہونے کا خطرہ ہو اور کسی شہر یا ملک میں وبائی مرض پھیلا ہوا ہو تو اُس کے دفیعہ کی غرض سے اینٹی بائیوٹک کھانے میں کوئی ممانعت نہیں اور جس طرح مریض کو لاحق ہونے والی بیماری کا علاج جائز ہے، اسی طرح متوقع بیماری سے بچنے کے لئے علاج بھی جائز ہے۔ البتہ بیماری یا آسیب یا نظر بد سے بچنے کے لئے تمائم (تعویذ دھاگے) لٹکانا جائز نہیں، کیونکہ رسولِ کریم ﷺ نے صراحت سے اس سے منع فرمایا ہے لہٰذا ان سے بچنا واجب ہے، کیونکہ یہ شرک اصغر ہے۔ ۱۰

علاج معالجہ کے احکام

فقہاے کرام کے درمیان مباح چیزوں سے علاج کرانے میں شروع سے اختلاف

منقول ہے۔ چنانچہ امام ابو حنیفہؒ کے نزدیک مباح چیز سے علاج کرانا تقریباً واجب ہے اور امام شافعیؒ کے نزدیک مستحب ہے اور امام مالکؒ بن انس کے نزدیک علاج کرانا، نہ کرانا برابر ہے اور امام احمدؒ کے نزدیک علاج کرانا مباح ہے اور نہ کرانا افضل ہے۔ البتہ حرام چیزوں سے علاج کرانا جمہور ائمہ کے نزدیک حرام ہے، کیونکہ صحیح بخاری میں حضرت عبداللہ بن مسعودؓ سے منقول ہے کہ « إن اللہ لم یجعل شفاء کم فیما حرّم علیکم » ۱۱

"اللہ نے تمہاری شفاان چیزوں میں نہیں رکھی جو تم پر حرام ہیں۔"

امام ابن تیمیہؒ فرماتے ہیں کہ

"اہل علم نے اس باب میں اختلاف کیا ہے کہ علاج معالجہ مباح ہے؟ مستحب یا واجب؟ اور تحقیق یہ ہے کہ کچھ چیزوں سے علاج معالجہ حرام ہے اور کچھ سے مکروہ اور کچھ سے مستحب ہے اور پھر بعض صورتوں میں علاج معالجہ واجب ہے اور یہ اس صورت میں جب یقین ہو جائے کہ اس کے بغیر زندہ رہنا ممکن نہیں مثلاً اضطراری حالت میں مُردار کا کھالینا واجب ہے، کیونکہ ایسی صورتِ حال میں ائمہ اربعہ اور جمہور علما کے نزدیک ایسا کرنا واجب ہے۔" ۱۲

میڈیکل علاج کے بارے میں 'اسلامی فقہی بورڈ' نے اپنے اجلاس منعقدہ مؤرخہ ۱۴۱۲ھ بمقام جدّہ سعودی عرب میں قرارداد نمبر ۶۸/۵/۵ پاس کی جس کا مفہوم یہ ہے کہ:

"علاج معالجہ اصلاً مشروع ہے، کیونکہ اس کے متعلق قرآنِ کریم اور سنّتِ قولیہ وفعلیہ سے دلائل موجود ہیں اور یہ اس وجہ سے بھی مشروع ہے کہ اس عمل سے انسانی جان کی نگہبانی ہوتی ہے جو شریعتِ مطہرہ کے مقاصدِ کلیہ میں سے ایک نمایاں مقصد ہے۔ اور اشخاص واحوال کے اختلاف کے مطابق علاج معالجے کے احکام بدلتے رہتے ہیں چنانچہ

جس مرض سے جان کی ہلاکت یا اس کے کسی عضو کی خرابی یا اس کے مفلوج ہونے کا اندیشہ ہو یا متعدی امراض کی طرح اس مرض کا اثر دیگر لوگوں تک منتقل ہونے کا خطرہ ہو تو اس کا علاج کرنا کرانا واجب ہے۔ اور جس مرض کے علاج نہ کرانے سے بدن کے کمزور ہونے کا اندیشہ ہو اور مذکورہ بالا خطرات نہ ہوں تو اس کا علاج کرنا کرانا مستحب ہے اور جب مذکورہ بالا دونوں صورتیں (جان کی ہلاکت یا بدن کی کمزوری) نہ ہوں تو علاج کرنا کرانا جائز ہے۔"

اور جب کسی مرض کے علاج کی وجہ سے اس سے بدتر مرض کے در آنے کا خطرہ ہو تو اس کا علاج کرنا کرانا مکروہ ہے۔ امام ابن عثیمینؒ فرماتے ہیں کہ

۱. جس مرض کے علاج سے شفا کا ظن غالب ہو اور علاج نہ کرانے سے ہلاکت کا احتمال ہو تو اس کا علاج کرانا واجب ہے۔

۲. جس مرض کے علاج سے ظن غالب کے مطابق نفع ہو اور علاج نہ کرانے سے ہلاکت یقینی نہ ہو تو اس مرض کا علاج کرانا افضل ہے۔

۳. جس مرض کے علاج سے شفا اور ہلاکت کے خدشات برابر ہیں تو اس کا علاج نہ کرانا افضل ہے تاکہ انسان لاشعوری طور پر اپنے آپ کو ہلاکت میں نہ ڈال بیٹھے۔ ۱۳

غیر مسلموں سے علاج معالجہ کرانا

امام ابن عثیمین مزید فرماتے ہیں کہ "مسلمان مرد یا عورت کا بغیر کسی مجبوری کے یہودی یا عیسائی ڈاکٹر سے علاج کرانا مکروہ ہے، کیونکہ وہ ناقابل اعتبار ہے اور اللہ نے اُن کو خائن بتایا ہے تو ہم کیوں اُنہیں امین سمجھیں۔ چنانچہ دو شرطوں کے بغیر غیر مسلموں سے علاج کرانا ناجائز ہے۔ ایک تو یہ کہ کوئی واضح مجبوری ہو، دوسرا یہ کہ ان کی فریب کاری کا اندیشہ نہ ہو۔" ۱۴

مرد طبیب سے عورت کا علاج کرانا

برونائی دارالسلام میں منعقدہ آٹھویں اسلامی فقہی کانفرنس کے متفقہ فیصلے کے مطابق اگر مریضہ کے طبّی چیک اَپ کے لیے سپیشلسٹ لیڈی ڈاکٹر موجود ہو تو اس کا فرض بنتا ہے کہ وہ بذاتِ خود چیک اَپ کا فریضہ سرانجام دے اور اگر مسلمان لیڈی ڈاکٹر میسّر نہ ہو تو غیر مسلم لیڈی ڈاکٹر بھی اُسے چیک کر سکتی ہے اور اگر غیر مسلم لیڈی ڈاکٹر میسر نہ ہو تو مسلمان ڈاکٹر یہ فریضہ سرانجام دے سکتا ہے اور اگر مسلمان ڈاکٹر میسر نہ ہو تو پھر غیر مسلم ڈاکٹر چیک اَپ کا فریضہ سرانجام دے سکتا ہے اس شرط کے ساتھ کہ وہ مرض کی تشخیص اور علاج کی غرض سے عورت کے بدن کے متاثرہ حصے کو ہی دیکھے اور حتی المقدور غضِ بصر سے کام لے اور پھر عورت کے علاج معالجے کا معاملہ، خلوتِ محرّمہ کے ارتکاب سے بچنے کے لئے خاوند یا محرم یا قابل اعتماد عورت کی موجودگی میں ہو۔

مزید برآں فقہی کانفرنس محکمہ صحّت کے ذمہ داران کو تلقین کرتی ہے کہ وہ طبّی علوم کے شعبوں میں عورتوں کی اسپیشلائزیشن کی حوصلہ افزائی کریں خصوصاً تولید و وضع حمل جیسے نسوانی معاملات کے شعبے میں، اس بات کے پیش نظر کہ ان کے آپریشن کے لیے عورتیں بہت کم ہیں اور اس وجہ سے بھی کہ استثنائی قاعدے کی ضرورت ہی نہ پڑے۔

اور بسا اوقات بعض مریض خواتین ڈاکٹر کے کہنے سے پہلے ہی بغیر کسی مصلحت اور ضرورت کے اپنے بدن کا کوئی حصہ کھول دینے میں حرج محسوس نہیں کرتیں حالانکہ اُنہیں ایسا ہرگز نہیں کرنا چاہیے۔

شیخ ابن عثیمینؒ سے مرد ڈاکٹر سے عورت کے علاج کے بارے میں پوچھا گیا تو فرمایا:

"لیڈی ڈاکٹر دستیاب نہ ہونے کی صورت میں مرد ڈاکٹر سے عورت کے علاج میں

کوئی حرج نہیں اور اہل علم نے جائز قرار دیا ہے کہ ایسی صورت میں مرد طبیب سے علاج کرانے میں کوئی حرج نہیں اور عورت کے لیے جائز ہے کہ وہ ڈاکٹر کے سامنے اپنے بدن کا وہ حصہ کھول دے جس کے کھولے بغیر تشخیص اور علاج ممکن نہ ہو، البتہ اس صورت میں اس کے ساتھ محرم کا ہونا ضروری ہے، کیونکہ غیر محرم طبیب کے ساتھ عورت کا علیحدگی میں ہونا حرام ہے۔"۱۵

لیڈی ڈاکٹر سے مرد کا علاج کرانا

ہیلتھ ڈیپارٹمنٹ میں کام کرنے والی بعض لیڈی ڈاکٹرز اور نرسیں، بغیر کسی خاص مجبوری کے مرد مریض کے علاج معالجے میں اندیشہ محسوس نہیں کرتیں اور بسا اوقات لیڈی ڈاکٹر براہِ راست مریض آدمی کے ستر والے حصے کو دیکھتی اور بار بار اسے چھونے میں جھجک محسوس نہیں کرتیں اور بسا اوقات سرجری کے شعبہ میں زیر تربیت طالبات اور لیڈی ڈاکٹرز کو مجبور کیا جاتا ہے کہ وہ کھڑے یا لیٹے ہوئے مرد مریض کے شرم والے عضو کا چیک اَپ کریں، گویا کہ میڈیکل کے شعبے میں اس کے بغیر سپیشلائزیشن ہو ہی نہیں سکتی اور بہت سی نرسیں اور لیڈی ڈاکٹرز ایسا کرنا بھی نہیں چاہتیں، لیکن وہ اس خوف سے ایسا کرنے پر مجبور ہوتی ہیں کہ مبادا اُنہیں پریکٹیکل کی سند نہ ملے حالانکہ ہمارے علم کے مطابق میڈیکل کے تعلیمی نصاب اور تقاضوں میں ایسی کوئی سختی نہیں کہ طالبات کو ایسا کرنے پر مجبور کیا جائے، خصوصاً ایسی صورت میں کہ وہ دین، اخلاق اور حیا کی وجہ سے ایسا کرنے میں حرج محسوس کرتی ہوں۔ اس بنا پر عین ممکن ہے کہ طالبات طب کے دیگر شعبہ جات میں داخلہ لے لیں جہاں ایسی صورتِ حال نہ ہو۔

اور بعض مرد لیڈی ڈاکٹر سے علاج کروانے سے روک بھی دیتے ہیں اور بعض نہیں روکتے کیونکہ وہ اس میں کوئی حرج نہیں سمجھتے یا وہ سمجھتے ہیں کہ جب لیڈی ڈاکٹر موجود ہے

تو اس سے چیک اَپ کروانا جائز ہے اگرچہ ایمر جنسی کی صورت نہ بھی ہو۔ بعض ضعیف الایمان اور بے مروّت مریض بذاتِ خود نرس یا لیڈی ڈاکٹر سے چیک اَپ کروانے میں لذت محسوس کرتے ہیں۔ اگر بالغ مریض مردوں کے لئے نرس یا لیڈی ڈاکٹر سے چیک اَپ کروانا ممنوع قرار دے دیا جائے تو اُن کے لئے اور اُن کے بعد والے مرد مریضوں کے لیے معاملہ آسان ہو جائے گا اور ڈاکٹروں کی ایک بڑی تعداد کو ہر رورل ہیلتھ سنٹر اور شہری ہسپتالوں میں کھپایا جاسکے گا۔

لیکن یہاں تو معاملہ اور صورت حال اتنی بگڑ چکی ہے کہ نسوانی امراض کے علاج کے لئے بھی مرد ڈاکٹر ہسپتالوں میں گھومتے پھرتے اور زچگی جیسے معاملات میں بھی حصہ لیتے ہیں۔ کیا یہ کوئی عقل اور حکمت اور تہذیب و اخلاق کی بات ہے کہ مسلمان عورتوں کی زچگی مردوں کے ہاتھ ہو اور وہ بھی یہودی اور مجوسی مردوں کے ہاتھوں، افسوس کہ بعض اوقات صرف مردوں کے نرغے میں ایک مریض عورت گھری ہوتی ہے۔

قرآن کے ذریعے شفا اور دم کے اَحکام

اللہ تعالیٰ نے ارشاد فرمایا:

﴿وَنُنَزِّلُ مِنَ الْقُرْءانِ مَا هُوَ شِفَاءٌ وَرَحْمَةٌ لِلْمُؤْمِنِينَ ۙ وَلَا يَزِيدُ الظّٰلِمِينَ إِلَّا خَسَارًا ﴿٨٢﴾... سورة الاسراء

"اور ہم قرآن سے وہ کچھ نازل فرماتے ہیں جو ایمان والوں کے لیے شفا اور رحمت ہے، وہ کافروں کو سوائے خسارے اور کچھ نہیں بڑھاتا۔"

امام ابن جوزیؒ فرماتے ہیں کہ یہاں مِنبیانِ جنس کے لئے ہے لہٰذا تمام قرآن شفا ہے اور اس شفا کے بارے میں تین اقوال ہیں: ایک تو یہ ہے کہ اپنے اندر ہدایت کی وجہ سے گمراہی سے شفا ہے۔ دوسرا یہ کہ یہ اپنے اندر برکت کی وجہ سے بیماریوں سے شفا

ہے۔ تیسرا یہ کہ وہ فرائض واحکام کے بارے میں شفا ہے۔ ۱۶

امام ابن قیمؒ فرماتے ہیں کہ اللہ نے آسمان سے کوئی ایسی شفا نازل نہیں کی جو بیماری کو دور کرنے میں قرآنِ کریم سے زیادہ نفع مند اور عظیم تر اور کامیاب ہو۔ ۱۷

صحیح بخاری میں ہے کہ ایک صحابی نے کسی عرب قبیلے کے شیخ کو بچھو کے کاٹنے پر سورۃ فاتحہ پڑھ کر دم کیا تو وہ شفایاب ہو گیا اور اُٹھ کر چلنے لگا۔ ۱۸ یہ تو تاثیر ہوئی جسمانی امراض کے معاملے میں جبکہ عقلی اور نفسیاتی شفا کے معاملے میں حضرت امام ابو داوٗدؒ روایت کرتے ہیں:

فَرَقَاهُ بِاُمِّ الْقُرْآنِ ثَلَاثَةَ اَيَّامٍ غُدْوَةً وَعَشِيَّةً، كُلَّمَا خَتَمَهَا جَمَعَ بُزَاقَهُ ثُمَّ تَفَلَ فَكَاَنَّمَا اُنْشِطَ مِنْ عِقَالٍ ۱۹

"ایک صحابی کسی قوم کے پاس سے گذرا جن کا کوئی آدمی زنجیروں سے جکڑا ہوا تھا جو اس نے تین دن صبح وشام اس کو سورت فاتحہ پڑھ کر دم کیا تو وہ شفایاب ہو گیا۔"

کیا دم کسی شخص یا خاندان کے لئے خاص ہے یا کوئی شخص بھی دم کر سکتا ہے؟

بعض بلکہ اکثر لوگوں کا اس بات پر اعتقاد ہے کہ دم جھاڑ اس صورت میں مفید ہوتا ہے جب کسی خاص خاندان یا خاص شخص سے کروایا جائے، کیونکہ گناہ گار مریض جب اپنے آپ کو دم کرے تو اسے کچھ فائدہ نہیں ہوتا۔ پھر وہ یہ بھی اعتقاد رکھتے ہیں کہ دم کرنے کا معاملہ کوئی بچوں کا کھیل نہیں ہے کہ ہر نتھو خیرا دم کرتا پھرے، بلکہ اس کے لیے بڑے تجربے اور مجاہدے کی ضرورت ہے۔ اس لیے بہت سے لوگ دور دراز سے سفر کر کے دیگر شہروں اور دیہاتوں میں عاملوں کے پاس دم کروانے جاتے ہیں اور سمجھتے ہیں کہ قوت اور تاثیر کے لحاظ سے ان لوگوں کا دم عام لوگوں کے دم سے کہیں زیادہ ہے۔ جبکہ صحیح بات یہ ہے کہ دم جھاڑ کے لیے کسی خاص خاندان یا شخص کی ضرورت نہیں

،بلکہ جو کوئی شخص اپنے آپ کے لیے یا کسی دوسرے کے لیے تہہ دل سے اللہ سے دعا کرے یا اپنے آپ کو یا کسی دوسرے کو دم کرے تو اللہ اس کی دعا قبول کر لیتا ہے اور مریض کو شفا بخش دیتا ہے، چنانچہ قرآن مجید میں ارشادِ باری تعالیٰ ہے: ﴿اَمَّن یُجِیبُ المُضطَرَّ اِذَا دَعَاهُ وَیَکشِفُ السُّوءَ... ۶۲﴾.. سورۃ النمل

"بھلا کون ہے وہ ذات جو لاچار اور بے کس جان کی پکار پر اُس کی فریادرسی کرتا ہے اور اس کی مصیبت کو دور کرتا ہے۔"

البتہ اس میں شرط یہ ہے کہ اللہ کے سامنے تہہ دل سے گڑگڑا اور آنسو بہا کر اپنے لیے یا اپنے کسی مسلمان بھائی بہن کو دم یا اُس کے لئے دعا کی جائے، کیونکہ اللہ کی ذات لاپرواہی سے کیے جانے والے دم اور دعا کو قبول نہیں کرتی۔

یہاں یہ بات خوب یاد رہے کہ کوئی مسلمان بھائی اپنے مسلمان بھائی کو نفع پہنچانے کے لئے دم کرے تو کیا یہ جائز ہے؟ خصوصاً اس صورت میں کہ دم کرنے والا بھائی اللہ کے مقرب بندوں میں سے ہو، کیونکہ ایسی صورت میں دعا یا دم جھاڑ کروانے سے نفع کی اُمید زیادہ ہوتی ہے۔ لیکن اس سے بھی افضل اور اعلیٰ طریقہ یہ ہے کہ انسان براہِ راست اپنے آپ کو دم کرے اور اللہ سے شفا طلب کرے، کیونکہ یہ صورت قبولیتِ دعا اور دم جھاڑ کی اثر پذیری میں اکسیر کا درجہ رکھتی ہے اور علمائے سلف و خلف کا اسی پر عمل تھا اور وہ اسی طرح کرنے کا حکم دیتے تھے اور ایسا کرنے کے بعد بھی خدانخواستہ شفا حاصل نہ ہو تو اس کا اجر اِن شاء اللہ ضرور مل جائے گا۔

یہاں ایک تنبیہ کرنا خالی از فائدہ نہ ہوگا کہ بسا اوقات کسی شخص سے مسنون اور شرعی دم کروانے سے آدمی کو فائدہ ہو جاتا ہے تو اس کے دل میں یہ اعتقاد داخل ہو جاتا ہے کہ اس دم جھاڑ کرنے والے کا اللہ کے ہاں بڑا مرتبہ ہے اور اللہ نے اس کے دم میں

شفا رکھی ہے۔ ایسا اعتقاد رکھنے والے کو علم ہونا چاہیے کہ دعا اور دوا تو ایسے اسباب ہیں جنہیں اختیار کرنے کا حکم اللہ نے دیا ہے جبکہ مسبّب الاسباب اللہ ہے اور در حقیقت وہی شفا بخشنے والا ہے، ورنہ کتنے سارے نیک اشخاص کو ہم نے خود دیکھا ہے کہ وہ جب دوسروں کو دم کرتے تھے تو ان کو فائدہ ہو جاتا تھا، لیکن جب وہ خود بیمار ہوئے تو نہ اُنہیں کسی کے دم سے فائدہ ہوا اور نہ کسی کی دوا سے... اور وہ عالم آخرت کو سدھار گئے۔

دم جھاڑ کرنے کے لئے مراکز قائم کرنا

عالم اسلام کے مفتی اعظم شیخ عبد العزیز آلِ شیخ سے شرعی دم جھاڑ کے لئے مراکز قائم کرنے کے جواز کا فتویٰ طلب کیا گیا تو اُنہوں نے جواب دیا:

"اس سلسلے میں اولیٰ اور افضل بات تو یہ ہے کہ ہر نیک تجربہ کار شخص سے دم کروا لیا جائے اور روحانی ہیڈ کوارٹر یا ہسپتال نہ بنایا جائے، کیونکہ ایسا کرنا مبالغہ ہو گا جو اسے مشروعیت سے نکال دے گا۔ ۲۰

ٹیلی فونک دم کرنا یا لاؤڈ سپیکر پر مجمع عام کو دَم کرنا

بعض ایسے ممالک جن میں اکثر لوگ دم جھاڑ پر اعتماد کرتے ہیں، وہ مشہور عاملین کے ہاں جوق در جوق جاتے ہیں اور وہ اُنہیں فرداً فرداً دم کرنے کی بجائے لاؤڈ سپیکر پر مخصوص وِرد کے ساتھ دم کرتے ہیں۔ ایسے عاملوں کے بارے میں سعودی عرب کی 'مستقل کونسل برائے فتویٰ' کی خدمت میں سوال بھیجا گیا تو اُس نے جواب دیا کہ دم کے لئے ضروری ہے کہ مریض سامنے ہو، لاؤڈ سپیکر یا فون کے ذریعے دم جھاڑ کرنا صحیح نہیں اور یہ فعل حضرت رسول اللہ ﷺ اور اُن کے صحابہ کے عمل کے بر خلاف ہے اور آپ ﷺ نے فرمایا:

«مَنْ أَحْدَثَ فِي أَمْرِنَا هَذَا مَا لَيْسَ فِيهِ فَهُوَ رَدٌّ» ۲۱

"جس کسی نے ہمارے دین میں نئی بات رائج کی وہ مردود ہے۔"

امام عبدالعزیز بن بازؒ سے اس سلسلے میں پوچھا گیا تو اُنہوں نے فرمایا: اس عمل کی کوئی دلیل اور بنیاد نہیں ہے، اصل اور ثابت شدہ بات تو یہ ہے کہ شرعی اور مسنون دم جھاڑ کے وقت مریض کے ہاتھوں یا سینے یا چہرے یا اس کے سر پر پھونکا جائے اور دور بیٹھے ہوئے لوگوں پر فضا میں پھونکا نہ جائے بلکہ ہر مریض کو اس کی طلب کے موافق پانی پر دم کر دیا جائے تا کہ وہ اسے پی سکے یا اُس سے غسل کر سکے جب کہ بعض لوگوں کا (مجمع عام کو) لاؤڈ سپیکر پر دم کر کے پھونکنا اس کا کوئی ثبوت نہیں اور ہمارے علم کی حد تک ایسا کرنا نہ شرع سے ثابت اور نہ ہی مسلمان ایسا کرتے تھے ،لہٰذا ایسا کرنے سے بچنا ضروری ہے، بلکہ مریض کو آیت الکرسی اور مسنون دعائیں پڑھنی چاہئیں۔ لہٰذا لوگوں کو ایک جگہ جمع کرنا اور سپیکر پر اُنہیں دم کرنا بدعت ہے جسے دور حاضر کے لوگوں نے ایجاد کیا ہے۔لاحول ولا قوۃ اِلا باللہ ۲۲

دم جھاڑ کے لیے آڈیو کیسٹیں تیار کر کے تقسیم کرنا

'سعودی عرب کی کونسل برائے علمی تحقیقات اور فتویٰ' کے سامنے جنوں کو بھگانے یا نظر بد کو ٹالنے یا جادو کو دور کرنے کے لئے مخصوص قرآنی آیات پر مشتمل آڈیو کیسٹیں تیار کرنے کے بارے میں سوال ہوا تو کونسل نے جواب دیا کہ قرآنی آڈیو کیسٹیں دم کا متبادل نہیں ہو سکتیں کیونکہ دم جھاڑ اعتقاد اور نیت کا متقاضی ہے جب کہ یہ عمل آڈیو سے حاصل نہیں ہو سکتا۔ ۲۳

دم جھاڑ کرنے والے کا عورت کے بدن کو چھونا

سعودی عرب کی مذکورہ بالا کونسل کے سامنے جن کو قابو کرنے کے لئے عورت کے بدن کو چھونے کے بارے میں سوال پیش کیا گیا تو اُس نے جواب دیا کہ دم جھاڑ کرنے

والے کے لئے جائز نہیں کہ وہ ڈاکٹر کی طرح عورت کے بدن کو چھوئے کیونکہ ڈاکٹر بسا اوقات ایسا کیے بغیر مرض کا پتہ نہیں لگا سکتا جبکہ عامل نے تو محض دم ہی کرنا ہے اور کچھ پڑھ کر پھونکنا ہے، اسی کے لئے عورت کے بدن کو چھونے کی کوئی ضرورت ہی نہیں۔ ۲۴

دم کے ذریعے مرض کی تشخیص کرنا

اللہ تعالیٰ نے مشروع دم کو شفا کا ذریعہ بنایا ہے، تشخیص کا ذریعہ نہیں بنایا کہ اس کے ذریعے مرض کا پتہ چلایا جا سکے: آیا مریض کو جادو ہے یا نظر بد لگی ہے یا اس پر جن کا اثر ہے؟ کیونکہ دم در حقیقت اللہ کے سامنے مسنون دعاؤں کے ذریعے گڑگڑا کر شفا طلب کرنے کا نام ہے خواہ بیماری کوئی بھی ہو کیوں کہ شفا تو بہر حال اللہ نے عطا فرمانی ہے۔ اللہ کے سامنے موذی سے موذی تر بیماری سے شفا دینا، چیونٹی کے کاٹے سے شفا دینے سے بھی آسان ہے کیونکہ اس نے تو کُن کہنا ہے، اس کے کُن کہنے سے کینسر جیسے مرض سے بھی ایسے ہی شفا مل جاتی ہے جیسے سوئی کے سرے کی چبھن سے شفا مل جاتی ہے لہٰذا اس کا تکلف کرنا سعی لاحاصل ہے کہ فلاں فلاں آیات پڑھنے پر مریض پر کوئی اثر ہو تو وہ جادو ہو گا اور فلاں آیت پڑھنے پر مریض پر ایسا ویسا اثر ہو تو وہ نظر بد کا اثر ہو گا اور فلاں فلاں آیت پڑھنے سے مریض پر ایسا ویسا اثر ہو تو اس پر جن کا اثر ہو گا۔

وسوسے، مرگی اور نظر بد جیسے اَمراض کے مسائل

نظر بد، وسوسے، مرگی جیسے امراض کے علاج معالجے کے شرعی طریقہ کے بارے میں سیدنا ابو ہریرہؓ سے مروی ہے کہ رسول اللہ ﷺ نے ارشاد فرمایا:

« العین حق » ۲۵

" نظر بد کا اثر برحق ہے۔"

اور آپ ﷺ نے یہ بھی فرمایا:

«العین حقٌّ ولو کان شيءٌ سابق القدر لسبقتْہ العینُ وإذا استُغْسِلتم فاغسلوا» ۲۶

" نظر بد کا اثر بر حق ہے اگر کوئی چیز تقدیر سے آگے بڑھ سکتی ہوتی تو وہ نظر بد ہی ہوتی، اگر تم سے (تمہاری نظر بد کا اثر زائل کرنے کے لئے تمہارے غسل میں استعمال شدہ پانی) طلب کیا جائے تو تم اپنے غسل میں استعمال شدہ پانی دے دیا کرو۔"

حافظ ابن حجرؒ فرماتے ہیں کہ رسولِ کریم ﷺ کا ارشاد ہے کہ نظر بد کا اثر بر حق ہے، اس سے یہ مراد ہے کہ (حسد بھری) نظر کا اثرِ بد ثابت شدہ حقیقت ہے یا یہ کہ وہ بھی ان تمام مؤثرات میں شامل ہے جن کا وجود ثابت شدہ ہے۔ ۲۷

امام مازریؒ فرماتے ہیں کہ جمہور علما اور اُمّتِ مسلمہ نے اس حدیث کو ظاہری الفاظ کے مطابق تسلیم کیا ہے کہ نظر بد کا اثر بر حق ہے اور مبتدعین کے مختلف گروہوں نے اس کا انکار کیا ہے اور اُن کے قول کے غلط ہونے کی دلیل یہ ہے کہ نظر بد دراصل ایک معنوی وجود رکھنے والی چیز ہے جو ظاہری چیزوں کے اثرات سے متصادم نہیں ہوتی اور نہ ہی وہ کسی چیز کی حقیقت کو مٹا یا فاسد کر سکتی ہے، وہ عقول انسانی کے ہاں ان چیزوں میں شامل ہوتی جنہیں وہ جائز اور مؤثر مانتی ہیں۔ جب شارع ان کے اثر انداز ہونے کی خبر دے تو اس پر اعتقاد رکھنا واجب ہے اور اس کی تکذیب جائز نہیں ہے، ورنہ اس طرح تو اُمورِ آخرت کی تکذیب بھی جائز ہو گی جو کہ صریح کفر ہے، لہٰذا اس کی تکذیب اور اُمورِ آخرت کی تکذیب کفر میں برابر ہیں۔

حافظ ابن حجر عسقلانیؒ، امام مازریؒ کے حوالے سے بیان کرتے ہیں کہ بہت سے علمائے طبیعیات بیان کرتے ہیں کہ نظر بد سے دیکھنے والے حاسد انسان کی آنکھوں سے زہریلی شعائیں پھوٹتی ہیں جو محسود انسان پر اثر انداز ہو کر اسے ہلاک کر دیتی ہیں یا اسے کسی خرابی میں مبتلا کر دیتی ہیں اور ان کا اثر ان زہریلے سانپوں کی نظر کی طرح ظاہر ہوتا

ہے کہ جو اپنی زہریلی نظر سے اچھی بھلی شخصیت کو لرزا بلکہ تڑپا کر بیمار کر دیتے ہیں، البتہ علمائے طبیعیات اسے چند اشیا تک ہی مؤثر مانتے ہیں جبکہ اہل السنّۃ کا اعتقاد یہ ہے کہ نظر بد حاسد انسان کے دیکھنے پر اسی طرح اثر انداز ہوتی ہے جس طرح دیگر اشیا اللّٰہ کے دستور کے موافق اثر انداز ہوتی ہیں۔

جہاں تک حاسد انسان کے بنظر حسد دیکھنے سے تکلیف ہونے کا تعلق ہے اور کیا ایسی پوشیدہ لہریں اور شعائیں ہیں جو اس طرح کا اثر دکھا جاتی ہیں؟ تو یہ ایک احتمالی نظریہ ہے جس کا نہ تو قطعاً اعتبار کیا جا سکتا ہے نہ انکار!!

یہ تو خیر اس دور کی بات ہے، لیکن آج کل اس طرح کی لہروں اور شعاعوں کا نظریہ ایک تسلیم شدہ حقیقت بن چکا ہے اور میڈیکل سائنس کے ڈاکٹروں کے مشاہدے میں بھی آ چکا ہے۔ مجھے میرے دوست ڈاکٹر رحمت عمران (ایم بی بی ایس، ای ڈی او محکمہ صحت پنجاب) نے خود بتایا کہ میں اپنے کلینک میں بیٹھا ہوا تھا کہ ایک شخص میرے کلینک میں داخل ہوا اور میری کرسی کے اوپر شیشے کے فریم میں مہینوں سے لٹکی ہوئی میری تصویر کے اوپر نظر جما کر بولا: واہ کیا خوبصورت اور خوش نما تصویر ہے۔ اس کے یہ کہتے ہی لکڑی کے فریم میں تصویر کے اوپر لگا ہوا شیشہ کڑک کر ایک خاص شکل میں ٹوٹ نیچے آ گرا اور اس کے بعد میرا یقین پختہ ہو گیا کہ حدیثِ نبوی میں بیان شدہ نظر بد کا اثر برحق ہے، ورنہ پہلے میں اسے محض مولویوں کی ہفوات ہی سمجھا کرتا تھا۔

بہر حال نظر بد کی تاثیر سے انسان کا جانی اور مالی نقصان ہو سکتا ہے اور یہ اللّٰہ کی تقدیر کے تحت ہے، ادلّہ شرعیہ میں کوئی ایسی دلیل نہیں کہ اس کے اثرات محدود چیزوں پر ہی ہوتے ہیں۔ ہمارے دور کے بعض عاملین حضرات اس سلسلے میں بہت سے نفسیاتی اور جسمانی امراض کو نظر بد کا اثر ثابت کرنے میں مبالغہ آرائی سے کام لیتے ہیں اور یہ مبالغہ

تشخیص کے سلسلے میں بھی ہے اور علاج کے سلسلے میں بھی، مثلاً دم کے وقت مریض کا رونا یا بے چینی اور پریشانی کا اظہار کرنا یا بعض اعضا کا گرم یا ٹھنڈا ہونا وغیرہ وغیرہ۔

حالانکہ ایسے نفسیاتی اور جسمانی تغیّرات انسان کو دم کرنے سے پہلے ہی لاحق ہو سکتے ہیں حالانکہ وہ ابھی عامل کے کمرے میں داخل نہیں ہوا ہوتا۔ اور دم جو قرآنِ کریم کی آیات اور رسولِ کریم ﷺ کے بتائے ہوئے کلماتِ طیبات پر مشتمل ہو، وہ اللہ کی قدرتِ کاملہ اور حکمتِ بالغہ کے تحت یقین اور ایمان کے مطابق اثر رکھتا ہے اور اس کے اثر سے جذبات حرکت میں آجاتے ہیں اور وہ دل کی گہرائیوں تک اثر کرتا ہے اور غمگین اور پریشان مریض اس کے اثر سے رو بھی پڑتا ہے اور پریشان بھی ہو جاتا ہے، پھر اسے سکون اور اطمینان بلکہ آرام و سکون بھی حاصل ہو جاتا ہے، تو یہ ضروری نہیں کہ وہ نظر بد سے بیمار ہوا تھا، بلکہ کسی اور سبب سے بھی ہو سکتا ہے۔ قرآنِ کریم میں ہے:

﴿اللَّهُ نَزَّلَ أَحْسَنَ الْحَدِيثِ كِتَابًا مُّتَشَابِهًا مَّثَانِيَ تَقْشَعِرُّ مِنْهُ جُلُودُ الَّذِينَ يَخْشَوْنَ رَبَّهُمْ ثُمَّ تَلِينُ جُلُودُهُمْ وَقُلُوبُهُمْ إِلَىٰ ذِكْرِ اللَّهِ...۲۳﴾... سورۃ الزمر

"اللہ تعالیٰ نے سب سے افضل بات نازل فرمائی ہے یعنی ایسا قرآن جس کی آیات (اختلاف الفاظ کے باوجود مضامین کے مفاہیم بیان میں) یکساں ہیں، اس کو سن کر ان لوگوں کی کھالوں پر رونگٹے کھڑے ہو جاتے ہیں جو اپنے ربّ سے ڈرتے ہیں۔ پھر ان کے کھال اور دل اللہ کی یاد کے لیے نرم ہو جاتے ہیں۔"

اس آیتِ کریمہ سے یہ حقیقت آفتابِ نیم روز کی طرح آشکارا ہوئی کہ یقین اور ایمان کی طاقت کے مطابق کلامِ الٰہی کے اثرات انسان کے بدن اور روح پر پڑتے ہیں اور اس سے سانپوں کے ڈَسے ہوئے اور بیڑیوں میں جکڑے ہوئے مسلوب العقل شفا پاتے ہیں اور یہ بات احادیثِ مبارکہ سے بھی ثابت ہے اور ہزاروں کی تعداد میں صالحین کے

تجربات سے بھی ثابت ہے، بلکہ میرا اپنا بھی تجربہ ہے کہ میں نے کئی ایسے مریضوں کو دم کیا تو جن کو اللہ نے شفا بخشنا چاہی، اُنہیں فوراً شفا حاصل ہوئی۔

چند ایسے امراض جنہیں بعض لوگ 'نظر بد' کا نتیجہ سمجھتے ہیں

ا. نفسیاتی مرض: بعض لوگ حقیقت میں نفسیاتی مریض ہوتے ہیں، لیکن وہ اپنے نفسیاتی مریض ہونے کا اعتراف کرنے سے گریز کرتے ہیں۔ اس لئے وہ نفسیاتی ہسپتالوں میں جانے اور وہاں علاج کرانے میں اپنی ہتک سمجھتے ہیں۔ اگر کوئی انہیں کہہ دے کہ تجھے کسی کی نظر بد لگ گئی ہے تو اس بے سروپا بات پر یقین کرکے وہ اپنے رشتہ داروں، ہم جماعتوں اور ہم پیشہ لوگوں سے لڑائی جھگڑا شروع کر دیتے ہیں، بلکہ میں نے ایک ریٹائرڈ ہیڈ ماسٹر کو خود دیکھا کہ وہ لوگوں سے مصافحہ کرنے سے گریز کرتا، اگر کوئی اس سے زبردستی مصافحہ کرلیتا تو وہ اپنے ہاتھوں کو بار بار صابن سے دھوتا حتیٰ کہ مجھے اس کے گھر والوں نے بتایا کہ اس کی بیٹیاں اس کے کپڑے دھو کر اور پھر اُنہیں استری کرکے کھونٹے پر لٹکا دیتیں اور پھر وہ انہیں ہاتھ لگا بیٹھتیں تو وہ ناراض ہو کر اُنہیں دوبارہ دھلواتا اور انہیں ہدایت کرتا کہ میرے استری کئے کپڑوں کو ہاتھ مت لگانا، ایسے لوگ در حقیقت سامری (قوم موسیٰ کا سنار جس نے سونے کا بچھڑا بنا کر اس کے گرد قوّالی کروائی تھی) کی 'لا مساسیّت' کے شکار ہوتے ہیں، لیکن اس مرض کا اعتراف نہیں کرتے۔

۲. اپنی برتری کے خاتمہ کو نظر بد کا نتیجہ قرار دینا: لوگوں میں یہ بات متعارف اور مشہور ہے کہ نظر بد اُسے لگتی ہے جو صاحبِ علم، صاحبِ مال، صاحبِ منصب (صدارت، وزارت) اور ذہین و فطین ہو اور کسی ایسے شخص کو اس کے غرور، تکبّر، ظلم و ستم کے سبب زوال آتا ہے تو وہ اس وہم میں مبتلا ہو جاتا ہے کہ مجھے فلاں کی نظر بد کی وجہ سے زوال آیا ہے۔

۳. اتفاقی ناکامی یا کاروباری نقصان یا شادی میں رکاوٹ کو نظر بد کا نتیجہ قرار دینا۔

۴. بعض عورتوں کا اپنے شوہروں کی علمی، ادبی اور کاروباری مصروفیات کو عدم توجہی کا نام دے کر نظر بد کا نتیجہ قرار دینا، چنانچہ اُن پر وہم اُنہیں بدکار اور فاسق و فاجر عاملوں کے پاس لے جاتا ہے اور وہ ان خوبصورت عورتوں کو خلوت میں لے جاتے ہیں اور ان سے بے حیائی کر کے اُنہیں اپنا گرویدہ بنا لیتے ہیں اور اُنہیں یہ پٹی پڑھا دیتے ہیں کہ اپنے شوہروں سے کہہ دینا کہ عامل کہتا ہے کہ اس نظر بد کے دم درود اور علاج کے لئے کئی ہفتے آنا پڑے گا اور وہ اُنہیں اس کی اجازت دے کر ہمیشہ کے لئے بیوی سے ہاتھ دھو بیٹھتے ہیں۔ اخبارات میں اس طرح کے واقعات تسلسل کے ساتھ شائع ہو رہے ہیں، لیکن ضعیف الاعتقاد لوگوں کی بے غیرتی پر ماتم کیجئے کہ وہ آنکھوں دیکھتے ہوئے بھی بے حیائی کی مکھیاں نگل رہے ہیں۔

جن اور مرگی کے اثرات اور مریض کو زدوکوب کرنا

امام قرطبیؒ فرماتے ہیں کہ اللہ تعالیٰ کے اس فرمان ﴿الَّذِینَ یَأْکُلُونَ الرِّبٰوا۟ لا یَقُومُونَ اِلَّا کَمَا یَقُومُ الَّذِی یَتَخَبَّطُہُ الشَّیطٰنُ مِنَ الْمَسِّ...۲۷۵﴾ ۲۸ میں اُن لوگوں کی ہفوات کا ردّ ہے جو کہتے ہیں کہ انسان کے خبطی اور دیوانہ ہونے میں جن کا کوئی کردار نہیں ہوتا بلکہ ایسا اس کی کسی طبعی بیماری کے سبب سے ہوتا ہے۔ امام ابن کثیر دمشقیؒ فرماتے ہیں کہ سود خور قیامت کے دن اپنی قبروں سے اس طرح اُٹھیں گے جس طرح شیطان کے اثر سے مخبوط الحواس انسان لڑکھڑاتا ہوا کھڑا ہوتا ہے۔ ۲۹

اس آیت نے یہ تو ثابت کر دیا ہے کہ شیطان انسان کو جسمانی نقصان پہنچاتا ہے اور اسے مخبوط الحواس بنا دیتا ہے اور انسان دیوانوں کی طرح بے تکی باتیں اور حرکتیں کرنے لگتا ہے۔ لیکن اس کا یہ مطلب نہیں کہ خبط اور مرگی صرف شیطان کے چھونے سے ہی

ہوتی ہے۔ امام بخاریؒ اپنی صحیح میں یہ عنوان (اس شخص کی فضیلت جو رِ یح کی وجہ سے لڑکھڑاتا ہوا گر جاتا اور بے ہوش ہو جاتا ہے) قائم کر کے اس سیاہ فام عورت کا قصّہ بیان کرتے ہیں:

جو حضرت نبی کریم ﷺ کے پاس آئی اور درخواست کرنے لگی کہ اے اللہ کے پیارے رسول ﷺ! میں بے ہوش ہو کر گر پڑتی ہوں اور بے پردہ ہو جاتی ہوں، لہٰذا میرے لئے اللہ سے دعا کیجئے، آپ ﷺ نے فرمایا: اگر تو صبر کرے تو تیرے لیے جنت ہے اگر تو چاہے میں دعا کر دیتا ہوں۔ اس نے کہا: میں صبر کرتی ہوں، البتہ یہ دعا ضرور کریں کہ میں بے پردہ نہ ہوں، تو آپ ﷺ نے دعا فرمادی۔ ۳۰

امام ابن حجر عسقلانیؒ اس حدیث کی شرح میں فرماتے ہیں کہ بسا اوقات ہوا کا بدن کے کسی حصے میں رُک جانا بھی مرگی کا سبب بن جاتا ہے۔ اور وہ اعضاے رئیسہ کو اپنے افعال مکمل طور پر سرانجام دینے سے روک دیتا ہے اور بسا اوقات اس سے اعضاے انسانی میں تشنج ہو جاتا ہے اور انسان اپنے پاؤں پر کھڑا نہیں ہو سکتا بلکہ وہ گر پڑتا ہے اور گاڑھی رطوبات کی وجہ سے اس کے منہ سے جھاگ بہنے لگتا ہے۔ ۳۱

دماغ اور اعصاب کی بیماریوں پر جدید طبّی تحقیقات نے مرگی کے بہت سے اسباب بھی دریافت کر لیے ہیں۔ ان میں سے ایک سبب دماغ کی برقی رو کا درہم برہم ہونا بھی ہے اور دماغی نظام کی خرابی، اعضاے بدن پر بھی اثر انداز ہوتی ہے، چنانچہ اب اس مرض کا تدارک کرنے کے لئے ایسی اَدویات بھی تیار ہو چکی ہیں جو باذن اللہ شفا کا مؤثر ذریعہ ہیں۔

امام ابن قیمؒ فرماتے ہیں کہ مرگی کی دو قسمیں ہیں:

ایک تو خبیث زمینی اَرواح (شیاطین) کے اثر سے ہوتی ہے۔ اور دوسری خراب خلطوں (مثلاً صفرا، بلغم، خون، سوداء) کی وجہ سے ہوتی ہے، طبیب حضرات اس دوسری

قسم کی تشخیص کر کے اس کا علاج کرتے ہیں اور خبیث اَرواح کے سپیشلسٹ اور عقلا ان کے اثرات کو مانتے ہیں اور اس کا دفاع نہیں کرتے۔ ۳۲

دیارِ سعودیہ کے مفتی اعظم شیخ عبد العزیز بن بازؒ سے پوچھا گیا کہ بعض عاملین اپنے گمان میں خبطی شخص سے جن کو بھگانے کے لئے اُسے باندھ کر اس کا گلا دبا کر زدو کوب کرتے ہیں... کیا ایسا کرنا جائز ہے؟ اُنہوں نے جواب دیا کہ بعض عامل ایسا کرتے ہیں ،لیکن در حقیقت ایسا نہیں کرنا چاہیے کیونکہ ایسا کرنے سے بسا اوقات مریض پر ظلم ہوتا اور اسے بلاوجہ تکلیف پہنچتی ہے۔ اور امام ابن تیمیہ جیسے بعض ائمہ سے ایسے مخبوط الحواس کو مارنا محل نظر ہے، کیونکہ ایسا کرنے سے مصروع مریض مر بھی سکتا ہے۔ اس سلسلے میں مشروع اور معروف طریقہ یہی ہے کہ آیات اور ادعیہ مسنونہ پڑھ کر دم کر دیا جائے۔ رسولِ کریم ﷺ اور آپؐ کے صحابہ کرام فقط اتنا ہی کرتے تھے اور اُن کے پہاڑوں جیسے وزنی یقین اور ایمان کی بدولت مصروع (مرگی کا مریض) مریض شفا یاب ہو جاتے تھے۔ ۳۳

یہاں ایک لطیفہ درج کرنا دلچسپی سے خالی نہ ہو گا کہ بصیر پور ضلع اوکاڑا کے علاقہ میں ایک عورت کو ایک عامل کے پاس اُس سے جن کو بھگانے کے لئے لایا گیا تو اس عامل نے چھری سے زمین پر چاروں طرف دائرہ لگا کر چھری زمین میں گھونپ دی اور اپنے عملیات پڑھتے ہی بھولی بھالی عورت کے منہ پر زور دار تھپڑ رسید کر کے پوچھا: بتا تو کون ہے اور کہاں سے آیا ہے؟ اس پر وہ عورت رو رو کر اپنی مادری پنجابی زبان میں بولی کہ جی میں پھلّاں تولی دی پاولیانی آں (میں قریبی گاؤں پھلاں تولی کی جولاہی ہوں) یہ سن کر وہ عامل شرمندہ ہوا اور کہا کہ اسے کسی ڈاکٹر کے پاس لے جاؤ۔ یہ تو بے چاری کسی بیماری کی وجہ سے مخبوط الحواس ہو جاتی ہے۔

غرض مصروع کو مار کر یا اس کو تڑی لگا کر اس کا علاج کرنا درست نہیں خصوصاً ان عورتوں کو جو ہسٹریا (اختناق الرحم) کے مرض کی وجہ سے اعصابی اور نفسیاتی تناؤ کا شکار ہو جاتی ہیں اور وہ اس حالت میں احساس کی تمام انواع مثلاً سردی، گرمی، زدوکوب کی چوٹوں کا درد محسوس نہیں کرتیں اور بعض مریض خواتین تو اپنے کپڑے پھاڑ اور اپنا بدن نوچ کر زخمی کر لیتی ہیں اور عامل یہ سمجھتا ہے کہ اسے جن کا سایہ ہے۔ حالانکہ ایسی مریضہ ایک سکون آور انجکشن سے چند منٹوں میں ٹھیک ہو جاتی ہے اور ایسا میرے سامنے ہوا کہ میں نے ایک ایسی مریضہ کو دم کیا، اسے افاقہ نہ ہوا تو دوسرے بدعتی عامل نے اسے مارنا شروع کر دیا، وہ مارنے سے بھی ٹھیک نہ ہوئی تو ہمارے دوست ڈاکٹر سلیم صاحب نے اسے انجکشن لگایا تو وہ تندرست ہو گئی۔

حوالہ جات

۱. صحیح مسلم: ۵۷۴۱؛ سنن النسائی الکبریٰ: ۷۵۵۶

۲. صحیح بخاری: ۵۶۷۸؛ مسند احمد: ۳۵۷۸

۳. سنن ترمذی: ۲۰۳۸؛ سنن ابو داود: ۳۸۵۷

۴. الموافقات، کتاب الاحکام والعلۃ: ۱/ ۱۵۰، دار المعرفۃ، بیروت

۵. صید الخاطر، فصل میزان الرجولۃ: ص ۳۲۳

۶. زاد المعاد: ۴/ ۱۵، فصل الأحادیث التی تحث علی التداوی، مؤسسۃ الرسالۃ، بیروت

۷. صحیح بخاری: ۶۵۴۱؛ صحیح مسلم: ۵۴۷

۸. الموافقات: ۲/ ۵۴۹

۹. صحیح بخاری: ۵۷۶۹؛ صحیح مسلم: ۵۳۳۹

۱۰. مسند احمد: ۱۷۴۵۸

١١. السلسلة الصحيحة: ١٦٣٣
١٢. فتاویٰ ابن تیمیہ: ١٨/ ١٢
١٣. الشرح الممتع از شیخ محمد بن صالح العثیمین: ٥/ ٢٠١
١٤. الشرح الممتع: ٥/ ٣٠٢
١٥. جریدہ 'الریاض': شمارہ ٩٥٦٦
١٦. زاد المسیر از ابن جوزی: ٥/ ٧٩
١٧. الجواب الکافی از ابن قیم: ١/ ٣
١٨. صحیح بخاری: ٦٨٧
١٩. سنن ابو داود: ٣٤٢٠
٢٠. جریدۃ الریاض: مؤرخہ ١٠/ شوال المعظم ١٤٢١ھ
٢١. صحیح بخاری: ٢٦٩٧
٢٢. جریدۃ الریاض: ٢/ شعبان ١٤١٧ھ
٢٣. مجلّۃ الدعوۃ: ١٦/ ذو القعدۃ ١٤١٩ھ
٢٤. فتاویٰ اللجنۃ الدائمۃ: رقم ٢٠٣٦١
٢٥. صحیح بخاری: ٥٧٤٠
٢٦. سنن ترمذی: ٢٠٦٢، ٢٠٦١
٢٧. فتح الباری: ١/ ٢٠٣
٢٨. تفسیر قرطبی، سورۃ البقرۃ: ٢٧٥
٢٩. تفسیر ابن کثیر، سورۃ البقرۃ: ٢٧٥
٣٠. صحیح بخاری: ٥٦٥٢

۳۱. فتح الباری:۱/ ۱۱۴

۳۲. زاد المعاد:۴/ ٦٦، مکتبۃ المنار، کویت

۳۳. مجلۃ الدعوۃ...ماہ محرم ۱۴۱۷ھ

***

ٹیکنالوجی اور انسانی روزگار: مستقبل کے خدشات

پروفیسر جمیل چودھری

جیسے جیسے معیشت کے مختلف شعبہ جات میں آٹومیشن بڑھ رہی ہے انسانوں کی جگہ مشینیں لیتی جارہی ہیں۔ ایک ایک مشین سینکڑوں کا کام سنبھال رہی ہے۔ اس طرح انسانوں میں بے روزگاری کے امکانات بڑے پیمانے پر پیدا ہورہے ہیں۔ مشینوں کے سبب بڑے پیمانے پر بے روزگاری کے خدشات انیسویں صدی میں بھی تھے۔ مگر وہ کبھی حقیقت میں نہ ڈھل سکے۔ جب سے صنعتی عہد شروع ہوا۔ ہر وہ روزگار جو مشین نے چھینا اس کی جگہ نیا روزگار پیدا کر دیا گیا۔

معیار زندگی بھی انیسویں صدی سے اب تک ڈرامائی انداز سے اونچا ہوا۔ مگر اب اکیسویں صدی میں پھر بڑے پیمانے کی بے روزگاری کے خدشات ظاہر کیے جارہے ہیں۔ پہلے ایسے ہوتا رہا کہ مشینیں جسمانی صلاحیتوں والے کام سنبھال لیتی تھیں۔ ہمیں زراعت، کارخانوں اور ٹرانسپورٹ کے شعبوں میں اب ہیوی مشینری کام کرتی نظر آتی ہے۔ ایک ایک مشین سینکڑوں لوگوں کی جگہ نہیں بلکہ ہزاروں انسانوں کی جگہ کام کرتی نظر آتی ہے۔ زراعت میں ہارڈویسٹر نے سینکڑوں دستی مزدوروں کو فارغ کر دیا۔

چند دہائیاں پہلے تک ہم دیہاتوں میں یہی دیکھتے تھے کہ گندم کی کٹائی کے وقت مزدور ہاتھوں میں درانتیاں پکڑے صبح سے شام تک گندم کاٹتے اور انہیں ڈھیروں کی

شکل میں اکٹھا کرتے نظر آتے تھے۔ اکثر مزدور صرف ایک ماہ میں پورے سال کی اپنی ضرورت کی گندم حاصل کر لیتے تھے۔ دوسری فصلوں کی کٹائی میں بھی مختلف طرح کے ہارویسٹر اور کٹر کام کرتے نظر آتے ہیں۔ ریلوے ٹرینیں اور بسیں آئیں اور بے شمار جانور اور مزدور بے کار ہو گئے۔

تیز رفتار بحری جہازوں نے ملاحوں کو بے روزگار کر دیا۔ ایسے ہی کارخانوں میں ہوا۔ آٹو میٹک مشینوں نے مزدوروں کی جگہ لے لی۔ انسانوں میں ۲ طرح کی صلاحیتیں ہیں۔ جسمانی اور دماغی۔ جب زرعی، ٹرانسپورٹ اور صنعتی روزگار مشینیں چھین لیں۔ تو انسانوں نے وہ سارے کام سنبھال لئے جن میں دماغی صلاحیتیں زیادہ درکار ہوتی ہیں۔ لیکن اب اکیسویں صدی میں مصنوعی ذہانت بہت تیزی سے پھیل رہی ہے۔ یہ ذہانت بھی انسانی بے روزگاری کا سبب بنتی جا رہی ہے۔

روبوٹس ہمیں اکثر جگہوں پر کام کرتے نظر آرہے ہیں۔ وہ صرف جسمانی صلاحیتوں والے کام ہی نہیں کر رہے۔ بلکہ دماغی صلاحیتوں والے کام بھی بخوبی سرانجام دیتے نظر آتے ہیں۔ یہ سمجھنا انتہائی اہم ہو گا کہ مصنوعی ذہانت (IA) کا انقلاب صرف کمپیوٹر کارکردگی یا تیز رفتاری سے متعلق ہے۔ بلکہ یہ علوم حیاتیات میں فیصلہ کن تبدیلیاں لانے کی توانائی سے بھرپور ہو گا۔ ہم جانتے ہیں کہ بائیوکیمسٹری کا نظام انسانی جذبات، خواہشات اور پسند کو کس طرح تقویت دیتا ہے۔

ایسے ہی کمپیوٹر بھی انسانی رویوں کا تجزیہ، انسانی فیصلوں کی پیش بینی اور انسانی ڈرائیورز بینکرز اور قانون دانوں کی جگہ سنبھال سکتے ہیں۔ ڈرائیور کے بغیر کار کے کئی ماڈل مختلف ملکوں میں تیار ہو چکے ہیں۔ اور تجرباتی مراحل سے گزر رہے ہیں۔ گوگل جیسی بڑی کمپنی نے بغیر ڈرائیور کار کے لئے ایک علیحدہ کمپنی بنا دی ہے۔ اور اس کا کام یہی ہے کہ کار

میں نصب کمپیوٹر آلات بغیر کسی رکاوٹ کے اسے منزل مقصود تک لے جائے۔

اگر یہ منصوبہ مکمل ہو کر تمام دنیا میں پھیل جاتا ہے تو انسانی روزگار کا یہ ذریعہ (ڈرائیور) بھی ختم ہو جائے گا۔ اور کمپیوٹر خود ہی کار کو شہروں اور دور دراز علاقوں تک لئے پھریں گے۔ ڈرون جہاز کے بارے تو آپ پڑھتے ہی ہوں گے۔ یہ بھی دور دراز علاقوں تک کارروائیاں کر رہے ہیں۔ اگرچہ اس کے پیچھے اسے آپریٹ کرنے والے دفتر میں بہت سے انسانی ماہرین بیٹھے ہوتے ہیں۔ کیا اس چیز کا امکان ہے کہ مستقبل قریب میں کنٹرول روم میں بھی مصنوعی ذہانت والے روبوٹس (انسان) تمام کام سنبھالے ہوئے ہوں؟

بنکوں میں آٹو میشن کے نتائج ہم خود ہی دیکھ رہے ہیں۔ بینکوں میں عملہ کم ہوتا جارہا ہے۔ کام اب کمپیوٹرز کے ذریعے لیا جارہا ہے۔ چیک کے ذریعے رقم نکلوانے کا طریقہ تو اب قدیم ہو چکا ہے۔ مشینوں (اے ٹی ایم) کے ذریعے ہی رقوم نکلوائی بھی جارہی ہیں اور ارسال بھی کی جارہی ہیں۔ سروسز بلز کی ادائیگیاں بھی شروع ہیں۔ آٹو میشن اور مصنوعی ذہانت نے ہر طرف جھنڈے گاڑے ہوئے ہیں۔ اور یہ کام تیزی سے بڑھ رہا ہے۔ مستقبل کی نوکریوں کو صرف انفارمیشن ٹیکنالوجی سے ہی خطرہ نہیں ہے۔

بلکہ بائیو ٹیکنالوجی بھی بہت بڑی تبدیلیاں لا رہا ہے۔ نیورو سائنسدان ایسی چیزوں پر کام کر رہے ہیں جو ۲۰۵۰ء تک ماہرین نفسیات اور محافظوں کی جگہ مصنوعی ذہانت کے انسانوں کی تقرری ممکن بنا دیں گے۔ مصنوعی ذہانت کے روبوٹس میں صرف انسانی خوبیاں ہی نہیں بلکہ غیر انسانی صلاحیتیں بھی حیرت انگیز ہیں۔ ان میں سے ایک بہترین رابطہ اور دوسری اپ ڈیٹنگ کی صلاحیت ہے۔ کروڑوں انسانوں کی جگہ سنبھالنے کے لئے کروڑوں روبوٹس اور کمپیوٹرز کی ضرورت نہیں۔

یہ ایک جدید نیٹ ورکس کے ذریعے بہت کچھ سنبھال سکیں گے۔ جب دنیا میں کسی نئی بیماری یا دوا کا علم ہو گا تو تمام انسان ڈاکٹرز کو اس بارے بتانا بہت مشکل ہو گا۔ اس کے برعکس اگر دنیا بھر میں دس ارب مصنوعی ذہانت والے ڈاکٹرز بھی ہوں تو فوراً ہی اس بیماری اور دوا سے واقف ہو جائیں گے۔ اس سے انسان کو صحت سے متعلق فوائد بھی حاصل ہوں گے۔ گوگل کے تحت ایک بالکل الگ کمپنی بنائی گئی ہے اسے Calico کہا جاتا ہے۔ اس کو بے شمار فنڈز مختص کیے گئے ہیں۔

انسانی صحت کے ماہرین، جینیائی انجینئرز اور انفارمیشن ٹیکنالوجی کے ماہرین کو ایک ہی جگہ اکٹھا کر دیا گیا ہے۔ کمپنی کے ذمہ یہ کام ہے کہ مختلف بیماریاں انسان کے قریب نہ آئیں۔ انسان لمبے عرصے تک زندہ رہے اور بالکل جوان اور صحت مند رہے۔ اگر قدیم زمانے میں انسان کی عمر کئی صدیوں پر مشتمل تھی۔ تو اب بھی انسان ۱۰۰ سال سے ۲۰۰ سال تک جیئے اور بالکل صحت مند جیئے۔ جینیائی انجینئرز کا اس میں بڑا رول ہو گا۔ اگر یہ صورت حال پیدا ہو گئی تو انسان ایک جاب پر ۱۰۰ سے ۱۵۰ سال تک کام کرتا رہے گا۔

تو نئے پیدا ہونے والے کہاں جائیں گے؟ نوجوانوں کو بے روزگاری کے خدشات نظر آرہے ہیں۔ لیکن انسان نے ماضی میں بھی مشینوں اور خاص طور پر آٹومیٹک مشینوں اس کا مقابلہ کیا ہے۔ اور روزگار کے بے شمار متبادل ذرائع پیدا ہوئے ہیں۔ اب بھی روزگار کے بحران سے بچنے کے ۲۔ راستے نظر آتے ہیں۔ آٹومیشن اور مصنوعی ذہانت کو تیزی سے پھیلنے نہ دیا جائے۔ اس کی رفتار اتنی ہو کہ ساتھ ساتھ متبادل روزگار پیدا ہو سکے۔ دوسری بات یہ ہے کہ ٹیکنالوجی کبھی جبر کی صورت میں نہیں آئی۔

جو کچھ آج کل سائنسدان کہہ رہے ہیں ضروری نہیں کہ ہو بہو ایسا ہی ہو۔ اس سے مختلف بھی ہو سکتا ہے۔ آخر حکومتیں اور سائنسدان جدید ترین بائیو ٹیکنالوجی اور مصنوعی

ذہانت کو معاشرے میں لاتے وقت انسان کے روزگار کے بارے ضرور سوچیں گے۔ بائیو ٹیکنالوجی اور مصنوعی ذہانت کے ملاپ سے بڑے پیانے پر انسان بے روزگار ہو جائیں گے؟ یہ نظریات آج کل پروفیسر یوول نوح ہراری کی وجہ سے پھیل رہے ہیں۔ ان کی کتابیں پوری دنیامیں کروڑوں کی تعداد میں فروخت ہورہی ہیں۔

اور دنیا بھر کے تھنک ٹینکس ان کے خیالات سے استفادہ کے لئے پروفیسر ہراری کو دعوت دیتے رہتے ہیں۔ ایسے لگتا ہے جیسے ان کے خیالاتTalk of the worldبنے ہوئے ہیں۔ پرفیسر نوح ہراری کہتے ہیں جاب مارکیٹ میں انسانوں اور مصنوعی ذہانت کے درمیان مقابلہ کی فضا شاید پیدا نہ ہو۔ بلکہ تعاون واشتراک ہو۔ پولیس اور بنکاری کے شعبوں میں تعاون انسانوں اور کمپیوٹرز دونوں کو مات دے سکتا ہے۔ ان سب نوکریوں کے ساتھ ایک مسئلہ درپیش ہوگا وہ ہے انتہائی مہارت کا۔

ماضی میں بھی آٹومیشن کا مقابلہ ایک پیشے سے دوسرے پیشے میں منتقلی سے کیاگیا۔ اب بھی مہارت حاصل کرکے پیشے تبدیل کیے جاسکیں گے۔ پروفیسر نوح ہرارے کہتے ہیں۔ ۲۰۵۰ءتک نہ صرف تاحیات روزگار بلکہ تاحیات پیشہ کا تصور بھی بالکل دقیانوسی ہوچکا ہوگا۔ لیکن نوح ہراری کی یہ تمام باتیں صرف قیاس آرائیاں ہیں۔ مستقبل ہی بتائے گا کہ ان کی کہی ہوئی باتیں درست ہوتی ہیں یا غلط۔ اندازے تو تصورات ہی ہوتے ہیں۔ اگر آٹو مشینوں کے آنے سے انسانوں میں بڑے پیانے پر بے روزگاری پیدا نہیں ہوئی تو مصنوعی ذہانت اور بائیو ٹیکنالوجی کے ملاپ کے حالات کا بھی انسان ضرور مقابلہ کرلے گا۔ دنیا امید پر قائم ہے۔

***

آرٹی فیشل انٹیلی جینس (مصنوعی ذہانت)
ذیشان الحسن عثمانی

اگر آپ کو اپنا مستقبل محفوظ بنانا ہے تو مصنوعی ذہانت کو پڑھے بغیر کوئی چارہ نہیں۔
(تصاویر: انٹرنیٹ)

آرٹی فیشل انٹیلی جینس (مصنوعی ذہانت) یا عرفِ عام میں اے آئی (A.I) کمپیوٹر سائنس کی سب سے دلچسپ شاخ ہے۔ اے آئی میں آپ کمپیوٹر سائنس کے علاوہ نیورولوجی، انسانی طرزِ عمل (Human behavior)، سماعت، بصارت، حرکت، سائیکالوجی اور ایسی ہی دیگر شاخوں کے متعلق بھی پڑھتے ہیں۔

کیا کمپیوٹر خود سے سوچنے سمجھنے کے قابل ہو جائیں گے؟
کیا انہیں معلوم ہو گا کہ وہ کیا کر رہے ہیں؟
کیا وہ خود اپنے وجود سے آگاہ (Self-Aware) ہو سکیں گے؟
کیا وہ نئے اور پیچیدہ حالات میں خود سے فیصلہ کر سکیں گے؟
کیا کمپیوٹر اپنے آپ کو خود ٹھیک کر سکیں گے؟
ایسے میں کیا وہ احکامات کی پابندی کریں گے، اخلاقیات اور معاشرتی ضابطوں کی پاسداری کریں گے؟

یہ ہیں وہ سوالات جن کے جوابات جاننے کے لیے اے آئی اب تک سرگرداں ہے۔

کمپیوٹر کا آواز کو سن کر لکھنا (Speech Recognition)، تصویروں کی شناخت کرنا، شطرنج میں عالمی چیمپئن کو شکست دینا، خود کار گاڑیاں چلانا، لوگوں کی آواز اور ویڈیو کی نقل بنانا، آئندہ ہونے والی خریداری اور گاہک کے بارے میں پیش گوئی کرنا اور سیارہ مریخ پر زندگی کی تلاش جیسے کام کرنے کے بارے میں آپ رپورٹس پڑھ ہی چکے ہوں گے۔

امریکی فضائیہ میں شامل "ایلٹس" (ALTUS) نامی طیارہ، ایک بار کمانڈ ملنے کے بعد ہینگر سے نکل کر خود بخود ٹیک آف کرتا ہے، مطلوبہ جگہ تک پہنچتا ہے، اس کی ویڈیو بناتا ہے اور پھر واپس اتر کر اپنے ہینگر میں چلا جاتا ہے... اور یہ سارا کام وہ بغیر کسی انسانی مدد کے کرتا ہے۔

نیوکلیئر پلانٹس، کیمیکل فیکٹریز اور ان جیسے بہت سے مقامات جہاں انسانی جان کو خطرہ لاحق ہو سکتا ہے، وہاں آج جدید ملکوں میں کمپیوٹر نے اہم کام اپنے سر لیے ہوئے ہیں۔

مصنوعی ذہانت (آرٹی فیشل انٹیلی جنس) کا نام امریکی کمپیوٹر سائنسدان جان مکارتھی نے ۱۹۵۶ میں متعارف کروایا۔ ان کے مطابق انسانی دماغ ایک پیچیدہ کمپیوٹر ہے جو اپنی "اِن پٹ ڈیوائسز" یعنی حواس خمسہ سے ڈیٹا لے کر انہیں "پروسیس" کرتا ہے اور جواب دیتا ہے۔ اگر ہم انسان کے ہر ہر طرزِ عمل / برتاؤ کو اتنی باریکی سے سمجھ لیں کہ اسے کوڈ کیا جا سکے تو ہم مشینی دماغ بنا سکتے ہیں۔

یہاں ایمرسن پیوگ کا ۱۹۷۷ کا مشہور زمانہ قول لکھنا چاہتا ہوں: "اگر انسانی دماغ اتنا سادہ ہوتا کہ اسے آسانی سے سمجھا جا سکتا، تو ہم خود اتنے سادہ ہوتے کہ اسے نہ سمجھ سکتے۔"

یوں تو ذہانت کی کوئی باضابطہ تعریف نہیں مگر کچھ برتاؤ (behaviors) ہیں جن کے لیے ذہانت درکار ہوتی ہے۔ مثلاً منطق، دلیل، پیش گوئی، ہمدردی اور نئے حالات میں فیصلہ کرنا وغیرہ۔

اب اگر کوئی پروگرامر دعوی کرے کہ اس نے "ذہین کمپیوٹر" بنالیا ہے، تو اس کے دعوے کو کیسے پرکھا جائے گا؟ اس سوال کا جواب مشہور ریاضی داں ایلن ٹیورنگ نے اپنے مشہورِ زمانہ "ٹیورنگ ٹیسٹ" کے عنوان سے ۱۹۵۰ میں دیا تھا: "ایک آدمی سوالات پوچھے اور دیوار کے دوسری طرف سے ایک اور آدمی یا کمپیوٹر اسے جواب دے۔ اگر آدمی نہ بتا سکے کہ جواب دینے والا انسان ہے یا کمپیوٹر، تو اس کا مطلب یہ ہوا کہ جواب دینے والا کمپیوٹر 'ذہین' ہے۔"

ٹیورنگ نے پیش گوئی کی تھی کہ ۲۰۰۰ تک کمپیوٹر یہ ٹیسٹ پاس کر جائے گا، مگر ایسا نہ ہو سکا۔ اس ٹیسٹ کو پاس کرنے کی غرض سے ہر سال "لوئبنز پرائز" (Loebner Prize) کے لیے مقابلہ ہوتا ہے۔ یہ ۱۹۹۱ سے شروع ہوا ہے اور اس کا انعام ایک لاکھ ڈالر ہے۔ مصنوعی ذہانت کا ایک اور مشہور سالانہ مقابلہ "روبوکپ" ہے جس میں کمپیوٹرائزڈ روبوٹس ایک دوسرے کے خلاف فٹ بال کھیلتے ہیں، بغیر انسانی مداخلت کے! روبوکپ مقابلے کا مقصد ۲۰۵۰ تک ایسے روبوٹس تیار کرنا ہے جو روبوکپ ۲۰۵۰ میں انسانوں پر مشتمل امریکی ٹیم کو ہرا سکیں۔ یہ دونوں چیلنج خاصے مشکل ہیں مگر بہت سے لوگوں کا خیال ہے کہ ان کے بعد بھی اس بات کا فیصلہ نہیں ہو سکے گا کہ کیا واقعی کمپیوٹر "سوچنے" کے قابل ہو گیا ہے۔

۱۹۷۰ میں مصنوعی ذہانت کی شاخ "نیچرل لینگوئج پروسیسنگ" کو استعمال کرتے ہوئے پروگرامز بنائے گئے جو زبان کے اصول، گرامر اور معنی کو مدِ نظر رکھتے ہوئے عام

فہم سوالوں کے جوابات دے سکتے تھے۔ مثلاً کمپیوٹر کو یہ کہانی دی جائے:

"اسلم ہوٹل میں گیا اور بریانی اور زردہ آرڈر کیا۔ بیرے نے بتایا کہ زردہ نہیں، تو اس نے ربڑی منگوالی۔ کھانے کے بعد اس کا موڈ بہت خراب تھا۔"

اس اسٹوری کے بعد کمپیوٹر ان سوالات کے جوابات دے سکتا ہے:

اسلم نے کیا کھایا؟ اسلم نے زردہ کھایا یا نہیں؟ اسلم نے ربڑی کیوں منگوائی؟ اسلم کو کھانا پسند آیا یا نہیں؟ وغیرہ۔

جہاں بہت سے سائنس دان ان پروگرامز کو "ذہین کمپیوٹر" کی طرف ایک بڑی پیش رفت خیال کرتے ہیں وہیں امریکی فلسفی جان سرل (John Searle) اس سے انکاری ہیں۔ ۱۹۸۰ میں اپنے ایک آرٹیکل "Mind, Brains and Programs" میں جان کا کہنا ہے کہ انسان زبان کو سنٹیکس (Syntax) اور سمینٹکس (Semantics) دو طرح سے پروسیس کرتا ہے۔ جب ہم کوئی کہانی سنتے ہیں تو ہم زبان کی گرامر کے علاوہ ہر ہر واقعہ کو مختلف احساسات سے جوڑتے بھی چلے جاتے ہیں؛ جبکہ کمپیوٹر صرف سنٹیکس سمجھتا ہے، وہ بھی دیئے گئے کوڈ کے مطابق۔ اپنے اسی نظریئے کو ثابت کرنے کے لیے انہوں نے "چائنیز روم" کی تھیوری پیش کی۔

"فرض کیجیے کہ آپ ایک کمرے میں بند ہیں جس میں ہر طرف الماریوں میں مختلف کارڈز پڑے ہوئے ہیں جو سب کے سب چائنیز زبان میں لکھے ہوئے ہیں، یہ سب سوال و جواب ہیں۔ کمرے میں صرف ایک کھڑکی ہے، جس سے باہر موجود لوگ (جو چائنیز زبان جانتے ہیں) اپنے سوالات ایک کارڈ پر لکھ کر کھڑکی سے اندر ڈالتے ہیں۔ آپ کا کام صرف اتنا ہے کہ ملنے والے سوال کی علامات (Symbols) کو دیکھ کر ویسی ہی علامات والا کارڈ انہیں واپس کر دیں۔ یہ ان کے سوال کا جواب ہوگا۔ اب باہر موجود

لوگ سمجھ رہے ہوں گے کہ آپ کو چینی زبان آتی ہے جبکہ آپ کو چائنیز نہیں آتی۔" اسی طرح کمپیوٹر کے جوابات دینے کا مطلب یہ نہیں کہ وہ آپ کی بات سمجھ رہا ہے، اور ٹیورنگ ٹیسٹ سے یہ ثابت نہیں ہو سکتا کہ کمپیوٹر ذہین ہے۔

چائنیز روم کی مخالفت میں بہت سی دلیلیں اور تصویریں دی گئیں۔ مثلاً ایک تھیوری میں، جو "سسٹمز ریپلائی" (Systems Reply) کہلائی، کہا گیا کہ روم، کارڈ، اور کارڈز کو پڑھنے اور جواب دینے کا طریقہ کار اجتماعی طور پر "ذہانت" کہلائے گا۔

دوسری مشہور تھیوری "کنیکشنسٹ ریپلائی" (Connectionist Reply) کہلائی، جس میں کہا گیا کہ فرض کیجیے کمرے میں بہت سے آدمی ہیں اور ہر کوئی چائنیز کے کچھ الفاظ یا جملے جانتا ہے، اب ہر ہر شخص تو ذہین نہ ہوا مگر اجتماعی طور پر "روم" کو چائنیز آتی ہے۔

یہ بحث آج تک جاری ہے اور دونوں اطراف سے دلیلیں آتی رہتی ہیں۔ بہر حال، اس تھیوری نے ۱۹۸۰ کی دہائی میں اے آئی اور اس سے متعلق پروجیکٹس کو ملنے والی فنڈنگ تقریباً ختم کر کے رکھ دی تھی۔

مارون منسکی کے بقول، "ڈیجیٹل کمپیوٹر ہر چیز کی نقل کر سکتا ہے، اور سوچنے کی نقل 'سوچنا' ہوا۔"

کیا انسانی رویّے کی نقل ہی ذہانت ہے جیسا کہ ٹیورنگ نے کہا؛ یا اس کے لیے احساسات و جذبات کا ہونا ضروری ہے جیسا کہ جان سرل کا کہنا ہے۔ آرٹی فیشل انٹلی جینس کو سمجھنے کے لیے لفظ "آرٹی فیشل" (مصنوعی) پر غور کیجیے۔ مثلاً مصنوعی ذائقہ (Artificial Flavor)۔ اب اگر ہم ایسی ہی ذہانت (Intelligence) بنا کر کمپیوٹر کو دے سکیں اور کمپیوٹر انسانوں کی طرح کام کرنے لگے تو یہ ذہین کمپیوٹر کہلائے گا۔

جان سرل کے مطابق یہ "مضبوط اے آئی" (Strong A.I) ہے اور اس کا حصول ناممکن ہے۔ یہ آپ کو صرف سائنس فکشن فلموں میں ہی ملے گی۔ ہاں! اگر کمپیوٹر انسانوں کے کچھ رویّے، کچھ طرزِ عمل، کچھ برتاؤ کی نقل کر سکیں تو یہ ممکن ہے؛ اور جان سرل اسے "کمزور اے آئی" (Weak A.I) کہتے ہیں۔

کمزور اے آئی کا مقصد کارآمد کمپیوٹر پروگرامز ہیں اور مضبوط اے آئی کا مقصد 'خودکار دماغ' ہے۔ پوری اے آئی کمیونٹی ان دو گروپس میں بٹی ہوئی ہے۔

انسان بہت سی خصوصیات کا حامل ہے اور اس کے ذہین ہونے میں یہ چند خصوصیات اہم ہیں: سیکھنا، پرکھنا، یادداشت، جذبات و احساسات، اپنے بارے میں اور اردگرد موجود چیزوں کا شعور (consciousness)، ارادہ اور سمجھنا۔

ایم آئی ٹی کے سائنسدانوں نے ایک انتہائی مہنگا کمپیوٹرائزڈ روبوٹ "قسمت" (KISMET) بنایا ہے جو مسکرانے، ناراض ہونے، خوشی اور غمی عکاسی کر سکتا ہے۔ یہ ایک آنکھوں اور ہونٹ والا روبوٹک چہرہ ہے۔

بہت سے یونانی فلاسفرز کا خیال تھا کہ یہ سب کچھ ذہن (Mind) کی وجہ سے ہوتا ہے اور "ذہن" انسانی دل میں ہوتا ہے۔ مگر کچھ نے اسے دماغ (Brain) میں بتایا۔ افلاطون انہی میں سے ایک تھا۔ اس کا خیال تھا کہ ذہن کا طبیعی دنیا سے کوئی تعلق نہیں۔ سولہویں صدی کا عظیم فرانسیسی فلسفی اور ریاضی دان رینے دیکارتے (René Descartes) بھی اسی نظریئے کا قائل تھا اور یہ نظریہ "ڈیوئل اِزم" (Dualism) یعنی دوہرے پن کا تصور کہلایا۔

دیکارتے نے ایک بھیڑ کی مدد سے ثابت کیا کہ جو کچھ بھی بھیڑ کی آنکھ دیکھتی ہے، اس کا عکس، اس بھیڑ کے ذہن کو جاتا ہے اور وہ اس عکس کو دیکھنے کے بعد اس کی تشریح

کرتا ہے۔

انیسویں صدی کے اوائل میں آسٹریا کے نفسیات داں سگمنڈ فرائیڈ فریڈ نے "ذہن" کے مطالعے پر جدید نفسیات کی بنیاد رکھی اور "انٹیلی جنٹ کوشنٹ "(IQ)، غیر شعوری خیالات اور خوابوں کا نظریہ دیا۔ فریڈ کی 'Unconcious Drives' (لاشعوری محرکات) پر تحقیق ایک قابلِ قدر کام ہے۔

۱۹۳۰ میں نیورونز (اعصابی خلیات) پر کام کی داغ بیل پڑی اور سائنسدانوں نے کھوج لگانی شروع کی کہ دماغ میں موجود کروڑوں اربوں اعصابی خلیات کس طرح یادداشت، اکتساب (سیکھنے کے عمل) اور ادراک (Perception) جیسے امور سر انجام دیتے ہیں۔

آج کل مصنوعی ذہانت نے روزمرہ نوکریوں کو خطرے میں ڈالا ہوا ہے اور ایک اندازے کے مطابق اے آئی سن ۲۰۳۰ تک آٹھ کروڑ نوکریاں انسانوں سے چھین کر کمپیوٹروں کے حوالے کر دے گی۔ اگر آپ کو اپنا مستقبل محفوظ بنانا ہے تو مصنوعی ذہانت کو پڑھے بغیر کوئی چارہ نہیں۔

* * *

پرسنلیٹی ڈیولپمنٹ کے موضوع پر اہم مضامین

شخصیت سازی کی اہمیت

مرتبہ : سید حیدرآبادی

بین الاقوامی ایڈیشن منظر عام پر آچکا ہے